L'ENSEIGNEMENT

PAR LA

MÉTHODE SUGGESTIVE

MÉTHODE

HONORÉE D'UNE SOUSCRIPTION

du Ministère de l'Instruction publique.

DÉPOT GÉNÉRAL :

CHEZ LES AUTEURS, 83, BOULEVARD SAINT-MICHEL

A PARIS

Et dans toutes les Librairies.

L'ENSEIGNEMENT

PAR LA

MÉTHODE SUGGESTIVE

MACON, PROTAT FRÈRES, IMPRIMEURS

L'ENSEIGNEMENT

PAR LA

MÉTHODE SUGGESTIVE

MÉTHODE

HONORÉE D'UNE SOUSCRIPTION

du Ministère de l'Instruction publique.

DÉPÔT GÉNÉRAL :

Chez les AUTEURS, 83, Boulevard Saint-Michel,

A PARIS

Et dans toutes les Librairies.

*Les demandes d'ouvrages, de renseignements,
les communications et rapports, , concernant
la « Méthode suggestive » devront être
adressés*

à M. DUBREUIL

83, Boulevard Saint-Michel, à Paris.

PRÉFACE

Ce n'est certes pas d'aujourd'hui seulement que les pouvoirs publics et les grands corps universitaires ont songé à répandre les bienfaits de l'instruction dans toutes les classes de la société. Pendant ces vingt dernières années surtout, leur active et vigilante sollicitude s'est portée avec fruit sur ce point d'une importance capitale. Les méthodes les plus propres à féconder la culture intellectuelle, but final de tout enseignement, ont été l'objet de constantes préoccupations, d'innombrables recherches; et une fois trouvées, elles ont été mises en œuvre avec un grand art et une pénétrante sagacité. Parmi ces diverses méthodes, il en est qui, sans atteindre l'idéal, ont produit à certains égards d'excellents résultats.

N'y a-t-il pas témérité de notre part à venir à la suite de ces intéressants travaux, dus à des maîtres d'un rare savoir et d'une indiscutable compétence ? N'est-ce pas montrer une confiance exagérée dans nos propres forces que d'entreprendre à notre tour la publication d'une méthode nouvelle, et n'est-ce pas présomption pure que de lui prédire, dès à présent, un succès assuré ?

Cette méthode nous l'appelons SUGGESTIVE.

Elle inaugure une période d'initiative hardie ; elle ouvre une carrière encore inexplorée; et l'avenir, nous l'espérons du moins, lui donnera sa consécration définitive.

Paris, le 15 avril 1893.

AVERTISSEMENT

Cet ouvrage se divise en trois parties : l'*exposé théorique* de la méthode, *ses avantages, ses applications*.

La première partie, qui est la plus importante, puisqu'elle établit la base de la méthode sur les lois de la psychologie, est aussi celle dont la lecture demande le plus d'attention; elle exige même, pour être bien comprise, une étude sérieuse et approfondie. Dans un exposé théorique, il est matériellement impossible que les premiers chapitres soient aussi éclairés que les derniers; n'est-ce pas là le propre de tout travail de démonstration que la lumière s'avance progressivement, pour arriver, à un moment donné, à son maximum de force et d'intensité?

L'INTRODUCTION est destinée à déblayer le terrain. Elle trace la route et indique quels seront les principes de la méthode; elle met en relief le rôle de l'activité personnelle dans l'application de ces principes; elle insiste sur l'importance capitale de l'ordre simultané.

Le premier chapitre (LOIS GÉNÉRALES DE LA CONNAISSANCE) se présente sous un certain aspect philosophique qui peut, au premier abord, effrayer un lecteur mal préparé par ses études; mais il était nécessaire de s'appuyer sur ces données psychologiques pour en déduire les trois principes de *sensation*, d'*ordre* et d'*habitude*. La fin de ce chapitre s'attache surtout à définir ce que c'est qu'*enseigner* et ce que c'est qu'*apprendre*.

Le PRINCIPE DE SENSATION est particulièrement délicat à traiter. La faute en est que, malgré soi, on est porté à empiéter sur le principe d'ordre; et quelque soin qu'on apporte à éviter cet écueil, il est difficile de passer toujours à côté.

Dans les PRINCIPES D'ORDRE ET D'HABITUDE la route est tracée, elle se poursuit sur un terrain uni, en pleine clarté; et, ce qui dans ce cas là arrive toujours, cette clarté illumine le chemin déjà parcouru.

La DEUXIÈME PARTIE fait ressortir les principaux avantages de la méthode; il n'y a plus aucun effort à faire, les conséquences découlant naturellement des principes posés. Les trois chapitres qui la composent réfléchissent leur lumière sur les précédents et établissent cette *vue d'ensemble* qui est la condition *sine quâ non* du savoir parfait. Nous avons insisté sur l'importance du langage vocal, dont l'introduction dans les classes nous semble particulièrement intéressante et féconde.

La TROISIÈME PARTIE consacrée aux applications pratiques offre des modèles de résumés suggestifs pour diverses leçons, tirées de toutes les matières de l'enseignement. Nous y avons indiqué surtout la manière d'étudier l'histoire d'après Michelet, et le moyen d'analyser les fables de Lafontaine selon les préceptes de Charles Nodier.

INTRODUCTION

L'ENSEIGNEMENT

PAR LA

MÉTHODE SUGGESTIVE

INTRODUCTION

Les motifs qui nous ont déterminé à tracer une voie si différente de toutes celles qu'on a suivies jusqu'à ce jour sont tirés surtout des observations que nous avons pu faire dans le cours d'une laborieuse carrière consacrée tout entière à l'enseignement.

Certains élèves sont doués d'heureuses dispositions pour l'étude; d'autres en assez grand nombre n'ont que des moyens ordinaires et très limités. Chez ceux-ci la mémoire est rebelle, ingrate, incapable de rien retenir; chez ceux-là elle est docile et souple, mais elle laisse bien vite échapper les notions primitivement acquises. D'un côté comme de l'autre les résultats sont les mêmes, c'est-à-dire insignifiants ou médiocres.

Notre but a été de remédier à cet état de choses. Nous nous sommes efforcé, dans la mesure du possible, de réparer les injustices de la nature, sinon en faisant disparaître ces inégalités, du moins en les atténuant dans de notables proportions. Pour donner à nos observations la sanction de la pratique, nous avons fait appel à des procédés spéciaux et absolument neufs, dont l'application fréquente nous a permis de nous rendre un compte exact de la haute valeur et de la puissante efficacité des principes sur lesquels nous nous appuyons.

Or, ces principes sont très simples et n'ont rien de mystérieux. Néanmoins, avant nous, on en avait généralement négligé ou plutôt méconnu l'immense portée et les inappréciables avantages, comme on avait méconnu pendant des siècles tout le parti qu'on pouvait tirer des forces de la nature dont la puissante mise en œuvre fait la gloire de la société moderne.

Corrélatifs des lois mêmes du souvenir, s'éclairant et se complétant réciproquement par leur application simultanée, ces principes se ramènent à trois : PRINCIPE DE SENSATION, PRINCIPE D'ORDRE, PRINCIPE D'HABITUDE.

C'est par ces trois principes que l'esprit de l'homme s'assimile les connaissances méthodiquement classées et en fait son bien propre. Les notions acquises deviennent alors la substance même de son intelligence comme les aliments dont il se nourrit deviennent la substance de son corps.

Essentiellement active et intuitive [1], notre méthode est conforme aux lois de la nature. Elle consiste à provoquer l'attention de l'enfant, à réveiller ses facultés par une impression vive, à les mettre en activité par la comparaison des impressions successives qu'il reçoit, à les fortifier par la répétition fréquente des mêmes impressions et des

---

1. On objectera sans doute que ces deux termes sont contradictoires. L'intuition, c'est la connaissance claire, immédiate, spontanée, indépendante du raisonnement et conséquemment de l'activité. Comment concilier ces deux choses ? Philosophiquement, c'est impossible. Mais, si l'on considère que notre méthode a pour but de donner aux facultés de l'enfant une initiative chaque jour fortifiée par l'habitude, comme le démontre la suite de notre exposition, est-il illogique d'attribuer alors à l'activité de l'esprit une certaine spontanéité, qui ressemble à la spontanéité de l'intuition ?

mêmes comparaisons. Il s'agit non plus de faire pénétrer violemment la lumière de la vérité dans l'intelligence de l'élève, en forçant en quelque sorte l'entrée de la place; mais d'attirer son attention vers cette lumière, de la lui faire découvrir par lui-même, de faire naître en lui l'esprit d'investigation et d'examen ; en résumé, d'aider sa mémoire, de la soulager, en favorisant l'éclosion et le développement naturel de ses facultés.

Cette nouvelle méthode entre en lutte ouverte avec ce fléau de toutes les écoles, le mécanisme, le savoir purement mnémonique obtenu par des moyens artificiels. Elle se préoccupe moins d'accumuler dans la mémoire des connaissances superficielles et mal digérées que de fortifier l'esprit par l'exercice, la volonté par l'effort libre. Ce qu'elle veut avant tout, c'est donner aux élèves des connaissances nettes et fermes, transformées en substance mentale, les seules qui comptent et qui vaillent; c'est leur faire acquérir de bonnes habitudes d'esprit qui les mettent en état de s'élever par eux-mêmes à une plus haute culture intellectuelle. Susciter l'observation personnelle, provoquer la curiosité et l'initiative; éveiller le sentiment de la causalité naturelle, de l'ordre général; en un mot assouplir l'esprit, fortifier le jugement, voilà son but !

Nous lui avons conservé le nom qui lui a été donné au ministère de l'instruction publique où elle a été appelée MÉTHODE SUGGESTIVE, parce que son application régulière dans l'étude d'une notion SUGGÈRE immédiatement toute la série d'idées ou d'images qu'embrasse cette notion.

Par la vue directe ou suggérée d'une idée maîtresse, elle sollicite l'activité de l'esprit; par l'analyse et la comparaison, elle introduit l'ordre et la clarté dans les notions, elle en établit les rapports; par la pratique judicieuse de la loi d'habitude, elle engendre l'*assimilation* qui seule perpétue l'élément du souvenir, en classant définitivement les idées acquises par la mémoire.

La science pédagogique, dont les progrès ont apporté, surtout de nos jours, de si heureuses modifications dans les méthodes d'enseignement, est encore restée muette sur l'art de fixer dans l'esprit les notions qu'il a reçues. Les hommes éminents qui ont consacré tant d'efforts à l'amélioration des méthodes ont eu principalement en vue le perfectionnement des qualités professionnelles du maître, en s'appliquant à former avant tout des professeurs habiles dans l'art de présenter les matières de l'enseignement ; mais ils ont jusqu'ici négligé d'établir, à l'usage des élèves, un ensemble résumé de règles sur l'art d'*apprendre* et de *retenir*.

M. Compayré, dans un de ses remarquables ouvrages, divise la pédagogie en deux parties distinctes : « l'une qui s'adresse au *sujet*, à l'enfant lui-même ; l'autre à l'*objet*, c'est-à-dire à l'enseignement. » Nous abandonnons volontiers l'*objet*, l'enseignement, que nous laissons à la libre initiative des maîtres, pour ne nous occuper que du *sujet*, de l'enfant, qui n'a pas toujours les moyens de s'assimiler les notions qu'il reçoit. Dans tous les établissements d'instruction, on sait généralement ENSEIGNER, mais on ne sait pas toujours APPRENDRE, ni surtout apprendre de façon à RETENIR. A vrai dire, notre méthode est moins faite pour le maître que pour l'élève.

Le maître en effet doit se borner à bien expliquer, à bien développer les notions à ses élèves, à conformer autant que possible son enseignement à leur âge et à leur intelligence, en s'inspirant toujours des bons ouvrages de pédagogie qu'il a sous la main. Préparer la nourriture de l'intelligence, la ménager, la doser avec soin, tel est son rôle. Qu'il n'oublie pas que c'est l'esprit de l'enfant et son esprit seul qui doit ASSIMILER. Oui, c'est l'élève qui appliquera lui-même les lois de l'assimilation ; et si le maître lui prête son concours, c'est simplement pour en surveiller la pratique et s'assurer que les images réfléchies par son esprit sont vraiment fidèles.

La plupart des professeurs, nous le savons, excellent à enseigner, à donner à leurs leçons la forme la plus claire, le tour le plus saisissant. Quant aux élèves, réduits au simple rôle d'auditeurs, rôle absolument passif, ils n'en retirent que des connaissances superficielles qui ne tardent pas à se volatiliser, sans laisser aucune trace. Aussi les maîtres, étonnés de la rapidité avec laquelle les enfants oublient ce qu'ils ont appris, ont-ils entrevu la puissance de l'enseignement sensible. Ils ont pensé avec raison que l'enseignement par les yeux devait laisser une empreinte plus durable dans l'esprit des écoliers, et ils ont recommandé dans les classes l'usage presque continuel du tableau noir, des livres illustrés, des leçons de choses.

D'où vient cependant que, malgré la réelle efficacité de cet usage pédagogique, souvent encore l'élève n'apprend que pour oublier ? C'est qu'il n'y a là qu'un procédé isolé de la méthode sensible, un moyen extérieur et mécanique qui peut être utile en certains cas, mais qui ne saurait être le guide constant et raisonné de l'étude.

D'ailleurs la culture exclusive des sens n'est pas sans présenter quelques dangers. Sans doute, comme le fait justement remarquer madame Pape-Carpantier, elle n'est pas simplement « un jeu futile, une sorte d'intermède aux leçons sérieuses », mais par cela même, qu'elle plaît aux enfants, elle peut aller à l'encontre du but qu'elle se propose, et remplacer l'effort par la distraction et l'amusement. Citons à ce propos les paroles de M. Gréard :

« Le spectacle des phénomènes scientifiques amuse les enfants. Ils y sacrifieraient volontiers tous le reste : calcul, histoire et grammaire. C'est là un signe manifeste du précieux concours que l'on peut attendre de ces démonstrations pour donner l'essor à leurs facultés naissantes. Peut-être aussi faut-il y voir un avertissement. S'il est incontestablement utile qu'ils se plaisent à examiner les formes, les dispositions extérieures des objets, à suivre la décomposition ou la recomposition d'un corps, à observer, dans sa manifestation naturelle ou dans sa représentation pittoresque, le jeu de quelque grande loi, il faut bien le dire, au bout de quelque temps, quand leurs sens ont été rectifiés, aiguisés, amusés, formés, cette sorte d'étude est pour eux moins un travail qu'une distraction; elle les occupe plutôt qu'elle ne les exerce. Nous avons banni de nos classes primaires l'ennui, il n'y rentrera plus; prenons garde d'en avoir un peu trop fait sortir l'effort. »

L'essentiel, en effet, est de favoriser l'évolution naturelle de l'esprit par l'effort personnel. Il en est de l'ordre intellectuel comme de l'ordre physique : le corps se fortifie par l'exercice, l'esprjt se développe par l'effort libre.

« L'éducation de l'homme n'est pas le dressage d'un être inerte et passif, c'est le développement d'un être libre et actif, dont on provoque l'instruction, dont on excite la spontanéité. » (Compayré.)

. « Point d'état passif pour l'élève, avant tout l'effort personnel. » (Wickersham.)

Nous n'avons donc pas la prétention d'avoir seul ni le premier remarqué la nécessité de recourir à une méthode active qui suscite l'initiative de l'élève et donne l'éveil à ses facultés. Tous ceux qui s'occupent de pédagogie en ont comme nous reconnu l'opportunité et l'urgence.

« Il n'y a de bonnes méthodes que celles qui rendent l'esprit actif. En dehors de là, il y a des procédés mécaniques pour introduire de gré ou de force dans les têtes des connaissances et des formules; il n'y a point d'éducation intellectuelle. » (H. Marion[1].)

Animer, vivifier l'enseignement, faire constamment appel à l'énergie personnelle des élèves, voilà le principe sur lequel sont unanimes tous les maîtres de la pédagogie contemporaine. C'est la partie théorique, doctrinale de la question; partie bien étudiée, bien nette, définitive en un mot. Reste la partie expérimentale. Celle-ci, il faut l'avouer, n'a pas encore trouvé sa véritable direction, les maîtres qui font aujourd'hui autorité ayant négligé de descendre des hauteurs de la spéculation dans le champ de la réalité et de la pratique.

Mais il ne suffit pas, pour faire une œuvre vraiment féconde, de signaler le but à atteindre; il faut encore et de toute nécessité des instructions détaillées sur les moyens pratiques d'y parvenir. Le caractère de la méthode une fois conçu, il reste à la revêtir d'une forme précise, à en créer les instruments d'application et de propagation. C'est cette tâche que nous nous sommes imposée. Non content de préconiser la nature même de cette

1. L'éducation dans l'Université, par H. Marion.

méthode, nous avons voulu déterminer les conditions pratiques de son fonctionnement, et la ramener à un ensemble de préceptes propres à être généralisés dans tous les genres d'étude.

C'est en nous appuyant sur l'analyse même des conditions essentielles du souvenir et sur leur association logique que nous allons tracer la marche naturelle de l'esprit dans tout ordre de connaissances.

Laissons un instant dans l'ombre le rôle nécessaire, indispensable, de l'activité dans l'éducation de l'enfant. Nous y reviendrons dans les chapitres suivants où notre doctrine prendra corps et se précisera nettement. Contentons-nous pour le moment de quelques exemples d'application INCONSCIENTE des trois lois du souvenir qui nous serviront à dégager et à affirmer d'une manière générale la puissance des trois principes de sensation, d'ordre et d'habitude.

Le cerveau est l'organe du souvenir, comme il est le siège de toutes les sensations. C'est dans le cerveau que vont se graver toutes les images des objets et des phénomènes du dehors ainsi que toutes les impressions intérieures, dues à l'attention ou à la réflexion.

Chez l'enfant dont la plasticité du cerveau est à son maximum, la mémoire se développe avec une étonnante facilité. Il possède de bonne heure une grande puissance d'acquisition : chez lui tout s'imprime avec aisance, il retient sans effort les notions qu'on lui explique ou qu'il étudie. En présence de cette facilité on est porté à croire qu'il est doué d'une heureuse mémoire. Il ne faut pas trop se hâter de juger ainsi; c'est un préjugé que l'expérience ne tarde pas à faire disparaître. Ce que l'enfant paraît savoir n'a qu'une durée éphémère; souvent même les mémoires les plus faciles sont celles qui oublient le plus rapidement. Comment expliquer cet étrange phénomène ? C'est que, dans un cerveau malléable et sensible à l'excès, les impressions ultérieures effacent aisément les premières, de sorte qu'au bout d'un certain temps il ne reste des notions primitivement acquises qu'une réminiscence vague et confuse, souvent préjudiciable à la solidité du jugement, car le souvenir parfait, c'est-à-dire clair et précis, constitue seul le savoir et la rectitude de l'esprit.

On pourrait presque comparer les impressions successives produites sur un jeune cerveau aux empreintes du marteau sur le fer incandescent. Le forgeron frappe, frappe encore, frappe dans tous les sens. Quand le fer est refroidi, si on le prend pour l'examiner, on ne remarque à la surface que les dernières empreintes placées d'une manière désordonnée et confuse. Que sont devenues les premières? Il n'en reste plus trace, elles ont complètement disparu. Il en est de même dans l'esprit des élèves; les dernières impressions effacent souvent les premières, et toutes les notions qui leur ont été distribuées sans parcimonie, souvent même avec les séductions d'un discours oratoire, disparaissent rapidement comme les images d'un miroir.

Chez un enfant où la plasticité est moins développée, l'acquisition est plus pénible. Le cerveau dont les lobes offrent plus de résistance se laisse plus difficilement pénétrer, et ce n'est qu'à force de répétitions laborieuses qu'on parvient à graver dans cette nature rebelle les notions qu'on lui enseigne. Cette théorie est confirmée par les études des biologistes les plus distingués et notamment par les récents travaux de Broca en France et d'Hartmann en Allemagne. Il est à remarquer même que les élèves de cette catégorie retiennent plus longtemps ce qu'ils ont appris en raison précisément de l'effort produit. Mais eux aussi, cependant, finissent comme les autres par oublier dans la suite.

Faut-il conclure de là qu'il n'existe pas de solides mémoires naturelles? Que les mémoires considérées comme les plus heureuses sont au contraire les plus fragiles? Que la mémoire enfin est une faculté insuffisante, inférieure, dont il faut abandonner l'exercice, comme le font déjà certains maîtres, pour ne s'attacher qu'au développement de l'intelligence.

Il serait puéril de contester l'utilité de la mémoire sous prétexte qu'on a abusé d'elle. Nous pensons au contraire qu'elle mérite d'être cultivée comme toutes les autres facultés, A CONDITION TOUTEFOIS QUE DANS CET EXERCICE ON S'APPLIQUE A DRESSER L'ENFANT A UN TRAVAIL SUPÉRIEUR AU PUR TRAVAIL DE MÉMOIRE. Une mémoire bien cultivée n'est-elle pas une des plus nobles prérogatives de l'âme humaine? Non seulement elle est destinée à meubler, à orner notre esprit de tous les trésors de la science, de la littérature et des arts, mais encore à être la dépositaire fidèle de toutes les découvertes, de toutes les productions de l'intelligence et du génie. Elle est donc suscep-

tible de perfectionnement et digne à tous égards
d'être cultivée, pourvu qu'on sache la préserver de
la routine et des habitudes machinales. La préoccupation constante de l'éducateur doit être de la
former, de la régler, de l'ordonner chez ses jeunes
élèves.

C'est pour avoir manqué d'une bonne direction
mnémonique que l'esprit des enfants ne sait ni
coordonner ni déduire. Il a touché à mille trésors,
mais il n'a d'aucun une possession réelle. Il en
sera ainsi tant que la pédagogie n'appliquera pas
simultanément toutes les lois fondamentales du
souvenir, qui seules transforment les connaissances
en substance mentale par l'ASSIMILATION.

L'assimilation est une fonction et une puissance
de l'esprit humain. Toute connaissance solide dans
une science ou dans un art quelconque, toute
habileté professionnelle est le résultat de l'assimilation. Est-il besoin de donner des exemples d'assimilation ? Ne s'offrent-ils pas en foule, et chacun
de nous n'a-t-il pas assimilé bien des fois dans sa
vie ?

Je me souviens toujours de la maison paternelle
que je n'ai plus revue depuis vingt-cinq ans. J'aime
à me transporter par la pensée dans ce sanctuaire

de mon enfance; je le revois tel qu'il était jadis, comme si je ne l'avais quitté que depuis hier. J'y retrouve telle que je l'y ai laissée la façade rustique avec sa porte et ses contrevents verts, ombragés de superbes accacias. Si je pénètre à l'intérieur, je trouve la même disposition des appartements. Rien de changé : c'est toujours le même escalier que je me représente, ce sont toujours les mêmes pièces, et dans chacune d'elles la même disposition des objets qui ont si souvent frappé mes yeux. Je distingue aussi parfaitement qu'autrefois leur forme, leur grandeur, leurs nuances, et, par la *loi d'assimilation*, je me les représente d'une façon si claire, si nette, qu'il me semble que je ne les perdrai jamais de vue.

On pourrait multiplier à l'infini les exemples d'assimilation. Pour nous borner, nous n'en citerons qu'un autre qui se rattache plus particulièrement à notre sujet par ses caractères spéciaux.

Prenons le voyageur ou mieux le simple voiturier qui fait chaque jour le même trajet entre deux villes. Au bout d'un certain temps, ce voiturier s'est si bien assimilé l'ensemble du paysage qu'il peut se représenter en imagination les moindres accidents, les moindres détails de la route qu'il a longtemps et régulièrement parcourue. Il revoit les villages, les hameaux, les embranchements, les grands arbres du chemin, les méandres des cours d'eau ; il les reverra toute sa vie.

Nous sommes-nous jamais demandé comment ce voiturier, sans fatigue intellectuelle, par distraction plutôt que par effort, a pu fixer dans son esprit et conserver un souvenir aussi exact, aussi précis, aussi fidèle de l'itinéraire qu'il a suivi? C'est par l'application, inconsciente il est vrai, mais simultanée, des trois lois du souvenir.

Il a vu d'abord les objets : PRINCIPE DE SENSATION ; il les a vus dans un certain ordre : PRINCIPES DE SENSATION ET D'ORDRE ; il les a revus plusieurs fois régulièrement et sous le même aspect : PRINCIPES DE SENSATION, D'ORDRE ET D'HABITUDE.

La première fois les objets se sont estompés largement dans son cerveau, il n'en a eu qu'une idée générale et confuse ; la deuxième fois l'impression primitive de chaque image s'est trouvée frappée de nouveau, il a mieux distingué les grands aspects, il a perçu l'ordre dans lequel les objets se succédaient ; enfin, après une série de voyages, les images, s'étant reproduites dans son esprit avec tous leurs détails et toujours dans le même ordre, y ont laissé une empreinte profonde, indélébile : « **Voilà l'Assimilation !** »

Et cependant ce n'est encore qu'une assimilation inconsciente, machinale et passive.

Mais l'assimilation des idées, celle qui constitue le but même que nous poursuivons, exige, pour passer d'une façon régulière par les trois phases que nous venons de signaler, la coopération active et personnelle de l'élève. Car une notion n'est pas une simple perception ; elle ne résulte pas seulement de l'action d'un objet extérieur sur les organes des sens, elle suppose encore une action de l'esprit sur l'objet. Cette activité intellectuelle dans la naissance et l'acquisition des idées contribue à en rendre l'assimilation plus facile, plus prompte, plus complète. En effet, le mouvement initial de ce travail consiste dans un appel à l'attention qui substitue la spontanéité de l'effort libre à la contrainte d'un effort imposé. Ce travail primitif s'accentue, se complique et s'amplifie au fur et à mesure que les notions ou leurs éléments se multiplient, mettant l'esprit en demeure de les coordonner, de les rattacher aux différentes classifications qui les unissent. Enfin la troisième opération, l'habitude active, complète les notions qu'il s'agit d'inculquer, en assurant à chaque élève la possession durable du savoir. L'esprit se trouve être à la fois le générateur et le gardien de ses propres notions, et l'enfant ainsi discipliné amasse chaque jour de nouvelles richesses qui constituent à la longue son patrimoine intellectuel. Il s'ensuivra pour lui, dans le présent, un besoin irrésistible de s'instruire, et dans l'avenir, une garantie contre la torpeur intellectuelle, ennemie mortelle et irréconciliable de toute activité, précisément parce qu'elle constitue un état négatif et de pure abstention.

La méthode suggestive, ayant pour résultat immédiat d'entretenir l'activité, apporte un stimulant énergique à l'émulation, cette force qui a déjà produit de si bons fruits; elle lui permettra d'en produire de meilleurs encore.

Il nous parait difficile, que dis-je, impossible d'arriver à la plénitude de ces résultats, sans recourir au procédé suggestif. Pour s'en convaincre, il suffit de rechercher à quelles conditions s'obtient la possession entière et parfaite du savoir, et d'examiner si les méthodes actuelles satisfont à ces conditions.

Le savoir, c'est la vision claire et immédiate de l'objet, non seulement dans toutes ses parties, mais encore dans les rapports qui les unissent. Connaître seulement les parties d'un tout, sans en percevoir le lien, n'est pas savoir; et, d'autre part, comment établir quelque liaison logique entre des éléments obscurs et mal définis? En somme, la connaissance pour être réelle et complète, doit nous faire embrasser d'un seul coup d'œil toutes les parties distinctes de l'objet aussi bien que leurs rapports. Elle ne se borne point à suivre les idées une à une et pas à pas, elle les saisit simultané-ment toutes.

C'est à la fois une analyse et une synthèse mentales, procédés inséparables l'un de l'autre, marchant toujours de pair dans l'ordre simultané.

L'ORDRE SUCCESSIF ne fait que nous présenter les notions les unes à la suite des autres; il nous les fait distinguer sans les relier entre elles: c'est une opération nécessaire, il est vrai, mais insuffisante.

L'ORDRE SIMULTANÉ au contraire comprend à la fois la distinction des notions, leur importance, leur valeur relative, leur ordonnance, leur variété, leurs rapports; et c'est uniquement dans l'ordre simultané que consiste le savoir parfait. Tel est le point de départ, telle est la base fondamentale de notre doctrine.

Appuyons cette théorie sur un exemple. Soit un ouvrage d'horlogerie, une montre. Choisissons cette montre aussi régulière, aussi précise que possible, et présentons-la démontée à un ouvrier qui en a sous les yeux tous les éléments épars. Supposons de plus que cet ouvrier connaisse exactement toutes les pièces dont elle se compose, qu'il soit assez habile pour les fabriquer lui-même avec précision, il aura ou il nous fournira tous les éléments nécessaires à la constitution d'une montre, mais nous n'aurons pas la montre. Il faut encore qu'il sache mettre chacune de ces pièces à la place qui lui convient de telle sorte que les rouages s'engrènent les uns dans les autres, qu'une force initiale communique le mouvement à un premier rouage, celui-ci à un second et ainsi de suite. Il en est de même pour l'idée : la notion d'une montre ne comprend pas seulement les notions successives de toutes ses parties, mais encore la vue d'ensemble de leurs rapports. C'est à la fois une décomposition du tout en ses parties par la pensée, et une reconstitution mentale de l'objet, qui réunit par la synthèse les parties distraites par l'analyse. Ainsi dans tout ordre de connaissances, une notion complexe quelconque exige de l'esprit les opérations simultanées de l'analyse et de la synthèse.

En étudiant sur le livre l'élève ne perçoit les notions que dans l'ordre successif, c'est-à-dire les unes après les autres Il en est de même de l'enseignement oral où les notions sont exposées successivement par le maître. La méthode interrogative elle-même, quels que soient les avantages qu'elle présente d'ailleurs, ne fait porter les demandes et les réponses que sur des fractions successives de l'idée générale. Sans doute l'ordre simultané existe dans un chapitre du livre aussi bien que dans le cours du maître et dans l'ensemble des interrogations ; toutes les idées qui se succèdent sous ces trois formes de l'enseignement ne sont pas sans voir entre elles un lien qui les rattache ; mais cet ordre simultané, l'élève ne le découvre pas *à priori*, il ne le percevra qu'ultérieurement et à la condition de l'établir lui-même par un travail de réflexion mentale, soit après l'étude sur le livre, soit après l'audition du cours, soit à la suite des interrogations. Or les enfants, quelque bonne volonté qu'ils apportent à l'étude, n'ont encore ni assez d'expérience, ni assez de jugement pour effectuer efficacement ce travail. Ils entrevoient bien d'une manière vague un certain enchaînement dans les idées, mais sont-ils aptes à saisir l'ordre simultané des notions, alors qu'ils ont déjà tant de peine à en suivre l'ordre successif? Aussi ne retirent-ils de l'enseignement ainsi donné qu'un demi-savoir, toujours incomplet en étendue et en profondeur.

La méthode suggessive, qui n'est pas à proprement parler une méthode d'enseignement, mais une méthode d'étude, vient en aide à l'enfant et supplée à l'insuffisance de ses moyens naturels. Elle permet à l'élève de jalonner sa route, de fixer d'avance ses points de repère, en lui mettant sans cesse sous les yeux l'ordre simultané, le seul par lequel l'enseignement peut porter tous ses fruits.

Les anciennes méthodes, dira-t-on, ont cependant fait leurs preuves, elles ont produit des illustrations scientifiques et littéraires. Cela ne fait certes aucun doute, et nous admettons fort bien qu'on puisse obtenir des résultats par n'importe quelle méthode. Nous n'en voyons aucune qui doive être irrémissiblement condamnée à une impuissance absolue, à une stérilité complète. Tout chemin mène à Rome, dit un proverbe populaire. Avant l'établissement des chemins de fer, on entreprenait le voyage de Marseille à Paris, et l'on arrivait à destination; mais ni avec la même facilité que de nos jours, ni dans les mêmes conditions de rapidité.

La méthode que nous allons exposer sera-t-elle le prélude d'une ère nouvelle dans l'enseignement? Nous l'ignorons. Les principes sur lesquels elle repose sont-ils appelés à produire dans l'ordre intellectuel et moral une révolution analogue au mouvement accompli dans l'ordre économique et social par l'application de la vapeur à l'industrie moderne? Nous n'irons pas jusqu'à le prétendre. Il n'en est pas moins vrai toutefois que cette méthode est destinée à être le point de départ d'une transformation générale et le signal d'une rénovation complète dans notre système d'éducation.

D'ailleurs ces grands hommes qui ont fait la gloire de la littérature et de la science, ces génies dont s'honore l'humanité, ne se sont-ils pas en grande partie formés eux-mêmes? Sans doute ils doivent à l'instruction qu'ils ont reçue leurs premières connaissances, mais leur supériorité intellectuelle n'est-elle pas plutôt leur œuvre propre que le résultat d'une éducation régulière et bien conduite? Les germes de la science déposés dans leur intelligence y ont trouvé un terrain merveilleusement approprié par d'heureuses dispositions natives, et sont parvenus à une prodigieuse fécondité en se développant d'eux-mêmes par une culture toute personnelle et originale. S'ils n'eussent réparé par leur initiative privée les lacunes de leur instruction proprement dite, seraient-ils arrivés à ce haut degré de science qui leur a valu à juste titre l'admiration de leurs contemporains et de la postérité?

Il est encore un autre inconvénient qui résulte d'une éducation incomplète et mal dirigée ; c'est le développement inégal et partiel des facultés. Rousseau, l'homme des paradoxes, a bien pu prétendre que l'éducation devait être successive, qu'il y avait un âge où il fallait s'attacher au développement exclusif de la sensibilité, un autre, où il convenait de former le jugement; c'est là une théorie que le bon sens et l'expérience réprouvent. L'éducation doit être progressive et concentrique, c'est-à-dire que toutes les facultés de l'enfant doivent être cultivées simultanément avec un soin égal, et se mouvoir d'une façon normale et régulière dans un cercle de notions dont la portée s'élargit et s'étend d'année en année, proportionnellement à l'âge et au développement intellectuel des élèves.

L'enseignement actuel ne présentant que l'ordre successif des notions, qu'arrivera-t-il si l'enfant est impuissant à rétablir par lui-même l'ordre simultané?

De deux choses l'une : ou l'enfant percevant des notions sans lien n'en aura qu'une idée vague et incomplète, alors il sera porté à se croire dépourvu de moyens, renoncera à un labeur stérile et laissera ses facultés s'engourdir dans l'inertie; ou bien, attiré plus particulièrement par telle ou telle branche de l'enseignement, il négligera les autres et portera toute son activité sur celles pour lesquelles il a une aptitude particulière, et l'on verra alors se produire dans l'organisme intellectuel ces phénomènes d'incohérence que présentent les Mondeux et les Inaudi, et qui consistent dans le développement exclusif et anormal de certaines forces de l'esprit au détriment des autres. Cette éducation inégale et claudicante n'est pas sans offrir de graves dangers dont les moindres sont de nuire à la rectitude du jugement et de rompre l'équilibre des facultés. Ce qui le prouve surabondamment, c'est que les lauréats des concours généraux, loin d'être toujours les élèves les plus également et les plus harmoniquement instruits, ne doivent souvent leur succès qu'à des dispositions spéciales pour une partie privilégiée de l'enseignement, ou à la culture exclusive d'une faculté isolée.

Pour nous, il n'est pas un don de l'âme qui puisse être sacrifié ou préféré à un autre; tous concourent régulièrement au développement de la vie intellectuelle et morale. L'idéal, le but final de l'éducation, c'est l'harmonie et l'équilibre de toutes les facultés.

Il nous est impossible dans ces préliminaires d'engager à fond la question; mais en attendant que cette question soit traitée ultérieurement sous toutes ses faces, nous avons jugé à propos de la présenter ici sous la forme d'un simple aperçu général, destiné à préparer le lecteur à une démonstration précise et complète.

PREMIÈRE PARTIE

EXPOSITION DE LA MÉTHODE

PREMIÈRE PARTIE

Exposition de la Méthode.

La méthode suggestive n'est pas une mnémo-technie artificielle, ni un ensemble de procédés mécaniques plus ou moins ingénieux, destinés à former une mémoire automatique. Son but est de poursuivre l'assimilation intellectuelle par l'exercice harmonieux et simultané de toutes les facultés ; elle ne s'appuie que sur des procédés rationnels qui mettent la science à la portée de tous les esprits.

Le premier précepte d'une méthode étant de se montrer conforme aux indications et aux besoins de la nature, il importe avant tout de se rendre un compte exact et précis des conditions dans lesquelles se produit le savoir. Or les trois éléments essentiels, constitutifs du savoir, sont :

1° La perception ou l'acquisition des notions ;

2° L'ordre et l'enchaînement des notions ;

3° La conservation fidèle et permanente des notions.

Dans l'acquisition des idées, notre méthode suit une marche conforme au principe même de leur génération; avec l'ordre, elle fait pénétrer la clarté dans nos connaissances; par l'habitude active, elle perpétue l'élément du souvenir.

D'ailleurs nous ne pouvons approprier, *adapter* d'une manière utile et efficace les procédés d'une méthode aux diverses fonctions de l'esprit dans l'élaboration complète de la connaissance, qu'à la condition de déterminer d'avance les lois qui président à l'œuvre de l'assimilation intellectuelle, de la constitution définitive du savoir. Ces considérations sur l'évolution naturelle des facultés, loin d'être un hors d'œuvre, nous permettront d'asseoir les bases de la méthode sur les données de la raison et le contrôle de l'expérience.

CHAPITRE I

Lois générales de la Connaissance.

C'est un fait admis par tous les philosophes, que la plupart des connaissances ont leur origine dans les sens; mais les premières notions acquises par l'enfant sont plus particulièrement 'encore du domaine de la perception extérieure; elles naissent presque exclusivement à la suite d'une impression sur les organes des sens.

Si l'impression affecte seulement la partie sensitive de l'être, sans mettre en jeu son activité, il n'y a pas à proprement parler perception ou connaissance, il n'y a qu'une simple sensation. Pour que la perception se produise, il faut qu'il y ait activité personnelle et réaction du sujet à l'égard de l'objet.

Il faut aussi qu'il y ait conscience. Sans la conscience, les perceptions seraient purement *affectives* et n'engendreraient qu'un phénomène de sensibilité; par la conscience, elles deviennent *représentatives* et sont pour nous une source d'idées, d'images et de connaissances.

Les perceptions réelles ne sont donc que des

sensations modifiées par l'activité et saisies par la conscience. Ainsi dégagée de la sensation, la perception consiste à distinguer la différence des objets.

« L'esprit, dit M. Bain, a pour point de départ le discernement : la conscience de la différence est le commencement de tout acte de l'intelligence. »

Les impressions produites par l'enseignement oral ou par la lecture sont dans leur essence passives plutôt qu'actives, des sensations plutôt que des perceptions. Mais ces sensations se transforment et deviennent perceptions, grâce à la participation active de l'esprit. Si celui-ci ne demeure point passif, c'est à dire insensible à l'influence des modifications extérieures, s'il se porte au devant d'elles pour en recevoir et en mesurer la réaction, il perçoit à la fois l'objet en lui-même et l'effort qu'il a fait pour le connaître. La conscience est doublement affectée, et par le fait même de la perception et par l'acte personnel qui la détermine. L'esprit ne distingue plus seulement l'objet, il se distingue encore lui-même : le MOI se pose et s'affirme en face de la réalité extérieure.

L'activité est le point de départ où l'on doit

sans cesse revenir pour expliquer tous les phénomènes psychologiques; elle est l'essence même de
l'âme. La conscience est-elle en réalité autre chose
qu'un mode de l'activité? Toute perception veut
pour naître la coopération simultanée de ces deux
facultés. En effet, nous ne comprenons pas, nous
n'accomplissons pas l'acte de la pensée, sans penser
que nous pensons; nous n'accomplissons pas l'acte
de la volonté, sans savoir que nous voulons; et
plus nous sommes actifs, plus nous avons conscience de ce qui se passe en nous, parce que nous
sommes les auteurs de nos actes. La conscience
augmente en raison directe de l'activité. Les perceptions sont donc d'autant plus nettes, d'autant
plus fermes dans l'esprit, que nous en avons mieux
conscience, ayant déployé plus d'activité pour les
acquérir.

Lorsque l'enfant, sous le coup d'une impression
vive, obéit à la sensation qui le sollicite, nous
n'osons pas dire qu'il fasse réellement attention,
car dans le bas âge on est généralement incapable
d'une attention forte et réfléchie qui indique la
complète possession de soi-même. L'enfant est
seulement attiré, captivé si l'on veut; il se prête
volontiers aux excitations sensibles, c'est de sa part

une complaisance qui est déjà un simulacre d'attention. Mais du jour où la conscience de sa personnalité s'éveille en lui, toutes ses facultés peuvent entrer en exercice et agir ensemble dans une certaine mesure. A dater de ce moment, il se prête de plus en plus à l'objet de l'étude, sa complaisance va sans cesse en augmentant : au simulacre d'attention succède l'attention réelle. Il ne se contente plus de percevoir ; il observe, il compare, il associe ses perceptions, les distingue ou les rapproche, il en saisit les rapports : il conçoit et il juge.

Il juge ! est-ce trop s'avancer en parlant ainsi, le jugement étant inséparable de tout acte d'intelligence ? Non, si l'on songe d'abord que les premières perceptions et les données de la conscience sont déjà des jugements spontanés et élémentaires pour ainsi dire ; qu'ensuite, au fur et à mesure que les facultés se développent sous l'influence de l'attention, de l'initiative personnelle, ces jugements primitifs donnent lieu à des jugements réfléchis, par voie de comparaison et d'association.

Il ne reste plus qu'à graver les perceptions et les jugements dans l'esprit, à les y fixer de manière à défier l'oubli, à en assurer la possession fidèle et durable par l'exercice et la culture de la mémoire.

La vivacité des impressions, en provoquant l'attention de l'enfant, a déjà pour effet de fortifier la mémoire ; la netteté, la précision des perceptions qui résultent de ce premier effort est aussi un sûr garant de la fidélité du souvenir ; mais ce qui contribue plus puissamment encore à assurer la conservation des connaissances, c'est l'ordre logique, l'association naturelle des idées.

Toutefois, si claire que nous apparaisse une notion fraîchement acquise, il est douteux qu'après une courte et unique apparition dans l'esprit, elle puisse toujours et dans la suite des temps se présenter au premier appel. La permanence du souvenir dépend en grande partie de l'impression prolongée et de la répétition des notions. Insister sur ces notions, s'y arrêter fortement au moment même de leur acquisition, et les répéter ensuite à plusieurs reprises, telle est la condition essentielle de l'assimilation.

La tâche de l'éducateur se trouve tout indiquée par les considérations qui précèdent. Il connaît le but à atteindre, il n'a plus qu'à mettre en œuvre des procédés qui soient en conformité avec la formation et le développement des facultés.

L'activité intérieure, activité obéissant spontanément d'abord aux excitations du dehors pour devenir ensuite volontaire et réfléchie, est indispensable, avons-nous dit :

1° Dans l'acquisition des notions;

2° Dans l'association des notions;

3° Dans la répétition des notions.

Chaque notion, pour être perçue, oppose à l'enfant une certaine force de résistance.

Sans résistance, en effet, il n'est besoin ni de volonté, ni d'effort. L'effort même laborieux et pénible est le plus sûr garant du progrès; il sollicite toutes les puissances de l'esprit, le remue jusque dans ses profondeurs et lui révèle des ressources jusqu'alors insoupçonnées. Mais il faut savoir garder en tout une juste mesure. S'il est utile d'obtenir de l'enfant une coopération personnelle et généreuse, il serait dangereux d'exiger de lui un travail cérébral excessif. Aussi la résistance ne doit-elle pas dépasser les forces de son intelligence; il ne faut lui demander que l'énergie qu'il est capable de déployer. Les facultés se développant insensiblement et par degrés, l'effort imposé devra toujours être proportionné à l'âge et à l'intelligence des enfants. Cette partie de la tâche du maître est peut-être la plus délicate, et il est difficile de l'assujettir à des règles précises. Pour s'en acquitter avec succès, il faut, croyons-nous, avoir la justesse d'esprit qui distingue les aptitudes, le tact qui en saisit les degrés et les nuances, en un mot l'amour de sa profession, c'est-à-dire la vocation.

Ces préceptes sont loin d'être négligés ou méconnus; personne n'en ignore la valeur et l'importance, et ils sont généralement observés dans les classes. Ils ont été développés et recommandés par tous les pédagogues avec beaucoup plus de compétence et d'autorité que nous ne saurions le faire nous-même; et si nous les avons indiqués sommairement ici, c'est uniquement pour bien établir que notre méthode n'a rien de subversif et qu'elle est en parfait accord avec la psychologie.

Les principes mêmes sur lesquels elle repose ne sont pas nouveaux; tous les professeurs en font l'application. Les notions qu'ils enseignent produisent d'abord une impression sur l'esprit des élèves (*principe de sensation*); les élèves saisissent dans une certaine mesure les rapports qui existent entre les diverses idées ou les éléments divers d'une même idée (*principe d'ordre*); enfin ils reviennent sur les mêmes données, ils revoient plusieurs fois la même leçon (*principe d'habitude*).

Telles sont les vraies sources d'où procèdent les connaissances, et il n'en peut être autrement précisément parce que l'application de ces principes est conforme aux lois de la psychologie et au développement normal des facultés. Ils interviennent d'eux-mêmes dans tout ordre de connaissances ; mais leur application fortuite, irrégulière ne saurait produire le savoir parfait, car le savoir parfait c'est l'assimilation qui laisse dans l'esprit un souvenir permanent et ineffaçable.

Ne savons-nous pas, en effet, par expérience combien les notions données par l'enseignement offrent peu de solidité ? La plupart des jeunes gens, au sortir de l'école, oublient vite ce qu'ils y ont appris. En fait de connaissances sérieuses de sciences, d'histoire, de géographie, ils le déclarent eux-mêmes à leur confusion, ils ont tout oublié.

Et le grec ! combien de bacheliers qui avouent franchement n'en plus savoir un mot ! Ils l'ont étudié pourtant, et pendant plusieurs années ; comment se fait-il qu'il ne leur en -reste rien ? Chose curieuse ! dans cette fragilité presque générale des connaissances, ce qu'il y a de moins périssable, ce que les jeunes gens ont le mieux conservé comme fruit de leur huit ou dix années d'études est plus particulièrement le résultat des habitudes mécaniques, la lecture, l'écriture, l'orthographe, le calcul : tout le reste s'est volatilisé [1].

Or l'enseignement ne peut avoir de valeur qu'autant qu'il INSTRUIT réellement, qu'il laisse des connaissances profondes et durables. A quoi bon mettre les élèves en possession des trésors de la science, si l'on ne peut leur assurer la conservation de ces mêmes trésors? Qu'importe une fortune d'un jour, qui disparaît avant qu'on ait eu le temps d'en jouir ?

Cette question de la fragilité des connaissances mérite d'attirer l'attention des pédagogues et de tous ceux qu'intéresse le progrès des études.

Principes rationnels, méthodes savamment élaborées, procédés merveilleusement appropriés, expérience et habileté professionnelle des maîtres, tout est mis en œuvre pour que l'étude assure à l'élève les profits les plus larges, à l'instruction les avantages les plus complets. Comment se fait-il donc qu'avec tous ces éléments de succès, les

---

1. Dans ces sortes de connaissances, lecture, écriture, orthographe, calcul, la loi d'habitude a été constamment appliquée. Cela explique sa puissance. Mais n'anticipons pas sur le chapitre spécialement destiné à l'exposition de ce principe.

résultats laissent encore tant à désirer, sinon en ce qui regarde l'étendue et la variété des connaissances, du moins en ce qui concerne leur solidité ? Frappé nous-même de cette étrange anomalie, nous avons cherché d'où pouvait provenir le mal, persuadé que, si nous parvenions à en découvrir la cause, il serait facile d'y apporter le remède.

Nous avons déjà remarqué que toutes les méthodes actuellement en usage, si excellentes qu'elles soient d'ailleurs, n'avaient trait qu'à l'*objet* même de l'éducation, à l'enseignement, et qu'elles n'apportaient aucun secours pratique au *sujet*, à l'élève. Elles forment, si l'on veut, une théorie brillante et complète de l'art d'ENSEIGNER, mais elles restent muettes ou à peu près sur l'art d'APPRENDRE et de RETENIR. C'est une théorie qui ne repose sur aucun support pratique, car *enseigner* n'est pas *apprendre*, pas plus qu'*apprendre* n'est *retenir*. Il y a là une lacune à combler, c'est de fournir à la théorie le support pratique qui lui manque; c'est de trouver pour les élèves un procédé rationnel qui les mette en état d'apprendre par eux-mêmes sans jamais oublier. Car on ne doit pas viser seulement à faire entrer dans leur esprit des notions qui pourront leur servir pendant la durée de leurs études, en vue d'un succès au concours ou dans les examens, mais encore et surtout à les y fixer solidement, à les inculquer d'une façon indélébile dans la mémoire, afin qu'elles puissent être utilisées pendant toute la vie, soit dans l'intérêt propre des élèves, soit au profit de la société.

Pour arriver à ce résultat, il faut d'abord appliquer méthodiquement les trois principes de sensation, d'ordre et d'habitude; ne plus se contenter d'une pratique accidentelle ou irrégulière, due au hasard ou à la force des choses; mais en faire une application systématique et persévérante qui devienne la règle même de l'enseignement. Il faut ensuite, et c'est là le côté vraiment neuf et original de notre méthode, introduire dans la mise en œuvre de chacun de ces trois principes l'emploi incessant du procédé ou plutôt du mode SUGGESTIF.

C'est peut-être improprement que nous avons employé jusqu'à présent les expressions de *méthode suggestive* ou de *procédé suggestif*. Le terme qui convient le mieux est *mode suggestif*, ou même encore *principe suggestif*, puisqu'en réalité ce procédé a toute la valeur et toute la portée d'un principe rationnel. Pour ne pas multiplier les distinctions, nous continuerons à nous servir indifféremment des mots *méthode, procédé, mode* ou *principe suggestif*. Ici, pensons-nous, les mots importent peu : la question est plus haute.

Ce qu'on est convenu d'appeler les *modes* de l'enseignement ne doit pas être confondu avec les méthodes proprement dites : ce sont choses indépendantes les unes des autres, les modes consistant dans les diverses manières de distribuer l'enseignement et d'appliquer les méthodes elles-mêmes. On distingue le mode *individuel*, le mode *simultané*, le mode *mutuel*. L'explication de ces différents modes n'entre pas dans le cadre que nous nous sommes tracé, nous n'avons pas ici à en discuter la valeur; nous les supposons connus, et nous admettons que chacun, suivant les circonstances, puisse avoir ses avantages. Sans en proscrire aucun, nous y ajoutons le mode *suggestif*. Ce dernier se prête à toutes les méthodes, il peut même être employé dans les autres modes, mais il doit toujours être la règle générale, la forme dominante de l'enseignement. Lui seul est propre à assurer le souvenir permanent par l'assimilation des connaissances. C'est en lui que l'enseignement trouve son assiette la plus solide et puise le meilleur de sa sève.

La puissante efficacité du *mode suggestif* ressortira pleinement des applications que nous allons en faire dans chacun des trois principes de SENSATION, d'ORDRE et d'HABITUDE.

PRINCIPE DE SENSATION

CHAPITRE II

Principe de sensation.

FRAPPER L'ESPRIT.

Dans le fait simple de l'acquisition des idées, ce qui en assure tout d'abord la solidité, c'est la vivacité de l'impression par LA CLARTÉ DE L'EXPOSITION et par L'ÉVEIL IMMÉDIAT DE L'ACTIVITÉ INTÉRIEURE DE L'ÉLÈVE.

Toute perception qui reste à l'état passif ne peut engendrer qu'une notion vague et obscure; pour que cette notion se dégage avec netteté, il faut qu'elle provoque instantanément l'attention et la réflexion. On ne saurait trop insister sur ce point.

Or, dans les procédés actuellement usités, *le livre, l'exposition orale du maître, les interrogations*, trouvons-nous ces deux conditions essentielles de la solidité des notions, l'impression qui frappe vivement l'esprit, la précision qui l'éclaire et en sollicite l'activité ? Un examen rapide suffira pour nous convaincre de l'impuissance au moins relative de ces méthodes et de l'efficacité absolue d'un autre procédé dont nous proposerons ensuite l'étude sous le nom de mode suggestif.

La méthode *livresque* est froide, aride, indigeste, surtout dans les classes élémentaires où elle peut même devenir un obstacle au développement des forces de la pensée.

Le cerveau de l'enfant sensible et malléable à l'excès se laisse facilement empreindre. Le travail de la lecture concentre son attention sur les mots et les signes plutôt que sur l'idée ou l'image qui se voile aux regards de la pensée et peut lui échapper.

Les signes imagés de l'écriture chinoise n'offrent pas cet inconvénient; ils obligent à penser en lisant, tandis que notre écriture phonique ne nous mène qu'à la parole articulée, à des mots ou à des phrases qui ne représentent rien par eux-mêmes, mais seulement en vertu d'une convention [1].

1. Indépendamment des signes imagés, les peuples de l'Orient ont une manière d'écrire leurs idées tout à fait opposée à la nôtre. Leur écriture commence au bas de la page, tandis que la nôtre commence par le haut. Ce qui nous

En étudiant sur le livre, surtout dans les classes élémentaires, l'élève est donc plus préoccupé de la forme ou de la disposition des caractères que des idées; cette application à la lecture du texte n'aboutit généralement pour lui qu'au mécanisme exclusivement matériel de la parole articulée; il s'habitue à torturer, à durcir son cerveau, au lieu de l'assouplir; à matérialiser en quelque sorte sa pensée et sa mémoire. Il en arrive à ne plus conce-

étonne bien plus, c'est qu'en procédant ainsi ils prétendent avoir plutôt raison que nous.

Lors de l'Exposition universelle de 1889, nous avons eu occasion de nous entretenir à ce sujet avec un philosophe de ces contrées, et voici le langage qu'il nous a tenu.

« Nous savons aussi bien que vous que la clarté pénètre avec l'ordre dans nos connaissances. Le jugement et la mémoire en sont merveilleusement soulagés, et la science est mise ainsi à la portée d'un plus grand nombre d'esprits. Mais nous sommes persuadés aussi que le premier précepte de toute méthode expérimentale est de se montrer fidèle aux indications de la nature.

« Vous n'ignorez pas que notre pays fut le berceau de la civilisation et que l'antiquité classique nous appartient. L'écriture était en honneur chez nous alors que les Européens étaient encore plongés dans les ténèbres de l'ignorance et de la barbarie. Nous écrivons depuis plus de quatre mille ans, et c'est seulement depuis quelques siècles que vous faites usage de cet art ingénieux, que vous nous avez emprunté en le dénaturant.

« Notre écriture, dont les signes sont simples et imagés,

voir, à ne plus conserver l'idée que sous une forme graphique, et par suite à penser, à parler, à écrire, non par les idées mais par les mots. A part le livre de lecture proprement dite, à part le dictionnaire, pourvu encore qu'il soit élémentaire, d'un usage facile, et qu'il donne sur l'orthographe et le sens des mots les renseignements simplement nécessaires, aucun livre d'étude ne peut être utile à l'élève que lorsque celui-ci est en état d'apprendre à s'en servir et de s'en servir effectivement avec

obligent à penser en lisant ; la vôtre, qui exige toute une étude aride, ne vous mène qu'à la parole articulée.

« En superposant nos idées, nous nous conformons à la loi naturelle, au principe même de leur génération. De même que toutes les parties d'un édifice s'appuient sur une base commune, que les ramifications de l'arbre se détachent de la tige et en reçoivent la sève, ainsi nos idées reposent sur l'idée-mère qui les engendre et leur donne la vie.

« Chez vous, Occidentaux, c'est le monde renversé ! La base de l'édifice est en haut, le couronnement est en bas. Bien que les idées suivent naturellement une gradation ascendante, vous les disposez néanmoins les unes au dessous des autres. Et tandis que nos idées, comme les branches d'un arbre, se dirigent vers les cieux, les vôtres, comme les racines, convergent vers les entrailles de la terre.

« Pourquoi cette palinodie de la pensée ? Et comment expliquez-vous ce contre-sens ? Votre manière de lire est dès lors contraire à la nature des choses, et j'avoue qu'il nous serait pénible, sinon difficile, de nous y accoutumer. Je dois vous fruit; et non, comme cela a lieu, aussitôt qu'il sait à peine lire couramment. Le meilleur livre, le seul utile dans les petites classes, c'est le livre vivant, « LE MAITRE. »

Ne cherchons donc pas dans la méthode livresque une application efficace du principe de sensation. Inhabile à se servir du livre, l'élève n'y voit flotter que des idées vagues et obscures. Son esprit n'est point frappé, son activité sommeille.

La méthode expositive a-t-elle des résultats plus

dire que dans l'observation, en général, le mouvement instinctif et naturel des yeux se porte de bas en haut ou dans le sens direct, horizontal; le mouvement de haut en bas nous fatigue et nous répugne. En lisant votre écriture, le mouvement descendant de la vue contrariant sans cesse le mouvement physiologique ne contribue donc qu'à fatiguer l'organe et à l'affaiblir peu à peu. C'est sans doute une des principales causes de la myopie qui se généralise chez vous, et qui est inconnue dans nos contrées. D'ailleurs, la *pente* est rapide, l'étudiant est entraîné par la lecture. Heureux s'il sait rétrograder à temps et asseoir sur sa base l'édifice renversé.

« Nous seuls prétendons élever la jeunesse. En lisant notre écriture, l'œil ainsi que la pensée suivent la direction naturelle du *double* mouvement ascendant. En vérité, si notre œuvre est plus lente, elle est aussi plus efficace et plus sûre, car à mesure que nous montons graduellement l'échelle des idées, nous les unissons dans l'esprit.

« En un mot, nous écrivons et nous lisons comme nous pensons, et rarement nos fronts sont penchés sur un pupitre. »

heureux ? Sans doute un vrai maître, par sa parole tour à tour animée, douce, expressive, sympathique, éveille et captive l'attention des élèves, il les pénètre de sa propre pensée, et son rôle est parfait dans les petites classes. Mais s'il excelle à donner une impression vive, il semble d'autre part trop attendre de son activité personnelle, rien de celle de l'élève, oubliant cet axiome éternellement vrai : « CE QUE LE MAITRE FAIT PAR LUI-MÊME EST PEU DE CHOSE ; CE QU'IL FAIT FAIRE EST TOUT. »

L'enseignement oral, bien supérieur à l'étude sur le livre, serait lui-même insuffisant, si le maître, se bornant à charmer l'imagination de l'élève, laissait sa pensée oisive ou tendait à favoriser en lui les habitudes passives.

La prise des notes rendue obligatoire dans les classes obvie, dira-t-on, à cet inconvénient. Soit ! Mais les notes, pour être prises avec profit, ne peuvent l'être que par les élèves du cours supérieur, ou tout au moins du cours moyen. D'autre part, c'est un travail qui suppose un enchaînement de notions ; il se rattache donc au principe d'ordre dont nous parlons plus loin.

Dans le principe de sensation, il ne peut être

question que de perceptions, simples ou complexes, mais détachées les unes des autres.

Or, l'œuvre de l'assimilation des notions ne
peut se contenter de l'action du maître, elle exige
avant tout celle de l'élève, c'est même à l'élève
qu'il appartient de s'approprier, de s'assimiler par
un travail intérieur et personnel les leçons qu'il
reçoit du professeur. Pour être plus efficace que le
livre, la méthode expositive n'en est donc pas
moins insuffisante. Incapable de prendre des notes
avec profit, l'élève ne sait sur quelles idées il doit
de préférence fixer son attention. Son esprit est
frappé, mais par trop de choses à la fois ; son activité est éveillée, mais, faute d'un objet précis sur
lequel elle puisse s'exercer, elle s'arrête.

Là où la prise des notes n'obtient qu'un résultat
médiocre, les interrogations, après chaque leçon,
auront-elles plus de pouvoir ?

Cette méthode, dite CATÉCHÉTIQUE OU SOCRA-
TIQUE, est excellente ; elle est recommandée et
usitée. Elle a même, comme on le verra, quelques
points communs avec la méthode suggestive. Mais
le procédé interrogatif n'est pas sans inconvénients ; il prend souvent l'élève, l'enfant à l'improviste, le déconcerte et trouble sa pensée. Malgré

l'habileté avec laquelle les questions sont posées, il obtient rarement d'un esprit paresseux, ou léger, ou embarrassé, qu'il saisisse la portée des notions; enfin il constitue à la suite de chaque cours un surcroît de fatigue pour le maître.

Préférable sous tous les rapports aux deux précédentes, la méthode catéchétique peut donc appliquer avec assez de succès le principe de sensation : impression vive et réflexion, par l'insistance du maître à préciser la notion. Mais l'activité de l'élève n'a pas encore assez d'initiative, elle est trop subordonnée aux efforts du maître. Celui-ci absent, elle s'amollit.

Il faut donc recourir à un procédé nouveau, mais vivant et animé, qui soit moins fatigant pour le maître et plus efficace pour l'élève.

La méthode suggestive remplit ces conditions.

Partant de ce principe que l'abus des signes extérieurs est un obstacle au développement des forces de la pensée et nuit à la clarté des perceptions, que d'ailleurs l'esprit ne peut s'assimiler que des idées, indépendamment des formes trop sensibles dont l'écriture les a revêtues, la méthode SUGGESTIVE dépouille chaque idée de sa forme extérieure, et la ramène à son expression la plus simple, la moins tangible, celle qui se rapproche le plus de son essence, de manière à la représenter pour ainsi dire *nue* et dégagée de tout signe représentatif.

« **Résumer l'expression de toute pensée, complexe ou incomplexe, en un mot** SAILLANT, **qui la formule dans toute son étendue et en synthétise la portée; traiter de la même façon les idées générales, principales, secondaires, de manière à embrasser dans son cercle d'étude tout un morceau, pièce de vers, page d'histoire, chapitre de grammaire, voilà le procédé[1].** »

Prenons un exemple.

Supposons qu'il s'agisse d'une leçon d'histoire et soit le règne de Louis XIII à développer en classe par la méthode expositive.

Pendant que le maître parle, l'élève écoute sans livre. *Le professeur commence son cours à l'avènement du nouveau roi; il en fixe la date et désigne son prédécesseur.*

1. Extrait du premier rapport de M. l'Inspecteur général à M. le Ministre de l'Instruction publique sur notre méthode, rapport sur lequel l'ouvrage a été honoré d'une souscription ministérielle.

Et M. l'Inspecteur général ajoute : « J'ai dit mot SAILLANT, l'auteur emploie un mot plus expressif et qui mérite de passer dans la circulation : on verra par la suite qu'il est parfaitement approprié. »

Le nouveau roi est mineur ; il n'a que 9 ans, et est incapable de gouverner par lui-même.

Il faut une régence ; elle est confiée à la reine-mère, Marie de Médicis.

La régente, dont le rôle avait été très effacé pendant le règne de Henri IV, désire la sanction légale du parlement et l'obtient sur une sommation menaçante du duc d'Epernon.

Bornons-nous à ces quelques notions et appliquons-y le procédé suggestif.

En écoutant le développement fait par le maître, l'élève porte d'abord son attention sur l'idée générale, l'idée-mère. Il doit trouver le titre de la leçon : RÈGNE DE LOUIS XIII.

Il en dégage ensuite, soit par lui-même, s'il est en état de le faire, soit à l'aide des indications du maître en cas contraire, les idées principales, et les énonce chacune par un seul terme.

Ici les termes représentant les idées principales peuvent être : AVÈNEMENT; MINORITÉ; RÉGENCE.

Au fur et à mesure que les idées sont présentées par le maître, les mots suggestifs qui en sont l'expression sont écrits d'abord au tableau noir, puis sur le cahier, mais seulement dans l'ordre SUCCESSIF, indépendamment de la valeur des notions et des liens qui les unissent. C'est le travail préparatoire qui doit servir à l'application du principe d'ordre.

Quoi de plus facile à retenir que ces trois mots, correspondant à trois idées distinctes : l'avènement du roi, sa minorité et la nécessité d'une régence ?

Ces synopsies suggestives constituent la véritable application du principe de sensation. Le LIVRE n'offre à l'enfant, par suite de la difficulté qu'il éprouve à le lire et à le comprendre, que des notions indécises; le résumé suggestif frappe son esprit, imprime nettement l'idée dans son cerveau. Cette idée, l'activité aidant, va devenir le point de départ d'une réflexion féconde.

L'ENSEIGNEMENT ORAL, quelque clair et substantiel qu'il soit, glisse sur les esprits sans y laisser d'autres traces qu'une empreinte légère et à peine sensible. Les notes sont sans profit, l'élève étant presque toujours dans ce travail disposé à confondre l'accessoire avec le principal; grâce au résumé suggestif, sa route est jalonnée de points lumineux, et la marche de l'esprit n'est plus livrée au hasard.

Si enfin le maître, à la fin d'un cours, veut s'assurer par des INTERROGATIONS que la leçon a été comprise et retenue, il trouve presque toujours les élèves indécis, embarrassés, hésitants ; leurs idées sont vagues et confuses, pour eux tout s'obscurcit, tout se confond ; ils ne savent par où commencer ni que répondre. Et si par hasard ils arrivent à reproduire une ou deux notions, ce sont plus particulièrement celles de la fin du cours, celles qui ont frappé en dernier lieu leurs oreilles. Les premières impressions ont été effacées par les dernières, comme les premières empreintes du marteau sur le fer incandescent s'effacent et disparaissent sous les dernières.

Avec le résumé suggestif, au contraire, le maître laisse des traces profondes de son enseignement. La semence qu'il répand par la parole ne tombe plus au hasard. Les termes suggestifs que l'enfant a sous les yeux lui indiquent les points sur lesquels doit porter son attention. Il voit plus clair aux choses, il se sent plus de goût pour l'étude ; son travail l'intéresse et il s'y applique par plaisir autant que par devoir. Une fois la leçon terminée, s'il est appelé à la reproduire, sa physionomie s'éclaire. Il se lève résolument, les yeux vifs et animés : on sent qu'il a le cœur chaud et plein d'entrain. Sans hésiter il aborde le développement de la première idée : AVÈNEMENT; puis celle de la seconde : MINORITÉ; puis celle de la troisième : RÉGENCE. Ne conserve-t-il pas de ces notions un souvenir plus vivant et plus durable ?

Il en est de même pour les autres termes représentant les idées secondaires : *1610*; *Henri IV*; *9 ans*; *incapacité de gouverner*; *sanction légale*; *sommation menaçante*, etc.

A l'aide de ces quelques mots seulement, l'enfant peut retrouver tout ce que le maître vient de lui apprendre.

Ces mots qui résument l'expression de tout un faisceau d'idées, nous les appelons SUGGESTIFS parce qu'en réalité ils jettent un tel éclat dans nos souvenirs qu'ils nous suggèrent immédiatement toute la série, tout le faisceau d'idées et d'images qui s'y rattachent. « C'est ainsi qu'une toute petite pierre nous rappelle la montagne dont nous l'avons rapportée et nous la fait revoir dans ses moindres détails; [1] » qu'un simple galet nous rappelle la plage, l'immensité de l'Océan, le séjour dans les villes d'eaux. C'est ainsi encore qu'un mot qui jaillit dans la conversation devient aussitôt le point de

1. Paul Janet.

départ d'une conversation nouvelle; mais n'anticipons pas sur le principe d'ordre par l'enchaînement des idées; renfermons-nous dans le principe de sensation qui nous occupe.

Par son caractère intuitif, le procédé suggestif a beaucoup d'analogie avec les formules des sciences mathématiques, physiques et naturelles. Quand on représente la surface de l'aire du rectangle par la formule $B \times H$ ou mieux BH, ces deux lettres B et H qui désignent la base et la hauteur, n'ont-elles pas une vertu suggestive? Le titre d'un ouvrage, d'une pièce de théâtre, l'inscription des noms illustres sur les monuments, les statues des grands hommes ne sont que des applications, sous diverses formes, du PRINCIPE SUGGESTIF.

Ce principe est d'une trop haute importance pour que des esprits sérieux n'en soient pas frappés à première vue. Il remplit toutes les conditions qui assurent la netteté et la fermeté des notions. En obligeant l'enfant à penser par soi-même pour ramener une série d'idées au terme le plus juste et le mieux approprié, il provoque l'activité intime et énergique, la réflexion personnelle et originale. Par l'examen attentif et prolongé des notions, il fortifie l'esprit et lui communique au plus haut degré la précision, le goût, la justesse. En exerçant à la recherche, à l'invention, il accroît les aptitudes, assouplit les facultés et leur donne plus de ressort et de vie.

Les mots suggestifs préviennent chez les enfants l'éparpillement des idées, si naturel à la légèreté et à la mobilité de leur caractère, en attirant sans cesse leur attention sur un point central qui est comme le pivot sur lequel roulent toutes leurs pensées. Ils leur font contracter cette habitude de l'effort volontaire, et comme disent les Anglais, *de cette concentration,* si contraire à leur nature, mais si nécessaire pour éclairer les notions et en garantir la solidité. La pensée renfermée dans ces mots éclate d'autant plus soudaine, d'autant plus vive qu'elle a été plus comprimée, c'est-à-dire plus fortement élaborée par la réflexion. Des notions ainsi acquises ne glissent plus seulement sur l'esprit; elles y pénètrent, elles y mordent, elles s'y ancrent.

Les pédagogues américains ont bien reconnu l'efficacité du mode suggestif, puisqu'ils en recommandent l'usage.

« Que le maître, dit M. Edgard Brooks, ne fasse jamais ce que l'élève peut faire. Évitez de trop dire et d'aider trop fréquemment votre disciple. Un simple avis, une question SUGGESTIVE valent souvent mieux qu'une assistance directe : ils suscitent le développement personnel, ils éveillent la faculté d'investigation originale [1]. »

Nous trouvons encore le terme SUGGÉRER dans un autre pédagogue américain, M. Wickersham :

« Que le maître crée l'intérêt dans l'étude, dit-il, qu'il sollicite la curiosité, qu'il éveille l'initiative, qu'il inspire la confiance en soi-même, qu'il SUGGÈRE des analogies, qu'il excite enfin les élèves à essayer leurs forces et à prouver leur habileté. »

Non seulement les pédagogues ont remarqué l'importance et la valeur du procédé suggestif, mais ils ont vu aussi qu'il concernait moins le maître que l'élève, et qu'il avait surtout pour résultat d'exciter les enfants à faire l'essai de leurs propres forces.

Assurément, dans l'œuvre de la culture intellectuelle, les qualités natives de l'élève et l'habileté professionnelle du maître doivent entrer en ligne de compte; mais il n'en est pas moins vrai que la méthode suggestive, par la nature même de ses procédés, donne aux facultés leur maximum de

---

1. Edgard Brooks, normal methods of teaching, p. 20.

puissance et à l'enseignement son maximum de résultats.

Le célèbre Pestalozzi disait :

« Je crois qu'il ne faut pas songer à obtenir, en général, un seul progrès dans l'instruction du peuple, aussi longtemps qu'on n'aura pas trouvé des formes d'enseignement qui fassent de l'instituteur, au moins jusqu'à l'achèvement des études élémentaires, le simple instrument mécanique d'une méthode qui doive ses résultats à la nature de ses procédés, et non à l'habileté de celui qui la pratique. Je mets en fait que le livre scolaire n'a de valeur qu'autant qu'il peut être employé par un maître sans instruction aussi bien que par un maître instruit [1]. »

Il y a évidemment de l'exagération dans ces paroles qui tendraient à faire de l'instituteur un automate, un simple instrument mécanique; il faut pourtant admettre qu'elles renferment aussi une grande part de vérité.

Nous comprenons très bien qu'une méthode ne puisse que gagner entre les mains d'un maître habile; mais, si elle n'avait de valeur que par le praticien, elle serait destinée à périr avec lui.

1. Comment Gertrude instruit ses enfants. Traduction Darin, 1882, p. 43.

L'expérience l'a démontré pour la méthode de M. Jacotot. Grâce à son habileté personnelle, l'auteur a pu en obtenir des résultats merveilleux; maniée par ses successeurs, elle est demeurée stérile et a fini par disparaître. Et, en effet, les méthodes appelées à rendre le plus de services sont celles qui s'adressent directement à l'élève et lui fournissent des ressources par elles-mêmes. C'est pourquoi nous avons érigé en système les procédés recommandés par les pédagogues les plus autorisés pour en faire la base fondamentale non pas de tout enseignement, mais de toute étude par le travail personnel.

Dans le principe de sensation, le travail suggestif des notions, tout en éveillant l'activité de l'élève, soutient et guide son attention; il fixe la pensée sur les idées qu'il représente comme au dehors les objets saillants attirent les regards du spectateur [1].

1. Après avoir examiné les diverses méthodes qui ont attiré l'attention des pédagogues, nous ne saurions passer sous silence l'intéressante tentative de M. l'abbé Chavauty. Dans son ouvrage intitulé: *L'art d'apprendre mis à la portée de tout le monde*, l'auteur poursuit comme nous l'ASSIMILATION des connaissances par l'application des trois principes de SENSATION, d'ORDRE et d'HABITUDE. Pas plus que nous, du reste, il ne songe à revendiquer pour lui seul l'honneur de

cette découverte. Ces trois principes ont été connus de tout temps : ils sont du domaine de la philosophie. L'Ecole écossaise, en particulier, s'en est beaucoup occupée; mais jusqu'ici on n'avait pas pris soin de les ramener à un système unique et rationnel, et d'y asseoir les fondements d'une solide étude pédagogique.

M. l'abbé Chavauty nous paraît être entré le premier dans cette voie avec une certaine décision. Sans doute il s'est, à la suite de l'abbé Moigno, inspiré des théories de MM. Aimé Paris, Castilho et Claudius Jannet; il a même, comme il le reconnaît, trouvé ces trois principes dans leurs ouvrages; mais il a le mérite d'avoir su les dégager des détails encombrants et presque inabordables dont ils étaient enveloppés, pour les présenter sous une forme plus nette et plus accessible au commun des esprits. Nous nous trouvons en parfaite concordance de vues avec M. l'abbé Chavauty en ce qui concerne la partie théorique de sa méthode, et malgré les divergences qui nous séparent au point de vue des applications pratiques, nous nous faisons un devoir de lui rendre un public témoignage de notre estime et de nos sympathies. Consacrer son activité, son intelligence, sa vie, à la recherche des meilleures méthodes d'enseignement, travailler sans relâche à mettre l'homme en état de faire l'usage le plus profitable de ses facultés, a toujours été une missoin noble et méritoire entre toutes. Telle est la tâche à laquelle n'a cessé de se dévouer M. l'abbé Chavauty, avec une conscience et un zèle dignes des plus grands éloges.

PRINCIPE D'ORDRE

CHAPITRE III

Principe d'ordre.

Des notions perçues isolément, sans lien logique, ne constituent pas le savoir. On n'arrive à la science que par l'enchaînement et la liaison des idées qui se complètent et s'éclairent les unes par les autres. A l'étude des notions doit succéder leur classification.

A vrai dire, l'application du principe de sensation n'existe pas à l'état pur et simple. En même temps que les notions sont perçues, l'esprit entre en exercice pour les associer et les classer ; les mots qui résument l'expression des idées ne sont même suggestifs qu'à cette condition. Sans doute le terme propre, le signe naturel de l'idée suffit pour la représenter et en rappeler la valeur, mais à peine ce signe naturel a-t-il appelé l'attention sur des notions claires et distinctes que l'intelligence, par un mouvement d'activité instinctive et spontanée, s'exerce immédiatement sur ces notions, les rapproche, les compare, en saisit les rapports. L'examen séparé des principes de sensation et d'ordre n'est possible qu'en théorie, dans la pratique il y a toujours application simultanée des deux principes.

Le principe d'ordre a pour but de classer les idées, de les ranger dans leurs vraies relations de dépendance, ou encore dans leur ordre causal, simultané.

Dans le Dictionnaire pédagogique de M. Buisson, art. mémoire, 2e partie, nous lisons :

« Quant à l'association des idées, c'est une opération qui simplifie et facilite le travail de la Mémoire. Lorsque nos idées sont rangées dans un ordre systématique, conforme autant que possible à celui de la nature et aux lois de la raison, les souvenirs naissent et se suivent comme d'eux-mêmes. »

« Il est indubitable, dit Port-Royal, qu'on apprend avec une facilité incomparablement plus grande et qu'on retient beaucoup mieux ce que l'on enseigne dans le vrai ordre, parce que les idées qui ont une suite naturelle s'arrangent beaucoup mieux dans notre mémoire et s'y réveillent bien plus aisément les unes les autres. »

Les conseils qui précèdent ont trait à l'art d'enseigner et s'adressent aux professeurs, ceux qui suivent s'adressent plus spécialement aux élèves, et se rapportent à l'art d'apprendre.

On lit encore dans le même ouvrage, 1re partie, art. mémoire, cette intéressante remarque de M. H. Marion :

« Attention de l'élève, explications REÇUES OU TROUVÉES PAR LUI-MÊME soulagent et servent la mémoire autrement encore qu'en rendant claires les idées, je veux dire en LES METTANT PAR ORDRE, ou, ce qui vaut mieux encore, en FAISANT DÉCOUVRIR L'ORDRE NATUREL qui est entre elles. A vrai dire, c'est A CETTE CONDITION SEULEMENT qu'elles deviennent CLAIRES, que la confusion se dissipe. L'ORDRE EST LE BESOIN LE PLUS IMPÉRIEUX DE L'ESPRIT. La mémoire en particulier ne peut s'en passer. Grâce à l'ORDRE, elle retient sans peine, porte légèrement et RETROUVE A VOLONTÉ une quantité incroyable d'idées et de faits. Sans ordre, elle succomberait sous un fardeau mille fois moindre. »

Examinons au point de vue de cet ordre si nécessaire à la solidité des notions la valeur et la portée des moyens actuellement en usage : le LIVRE et la MÉTHODE EXPOSITIVE.

Si l'on doit éviter de mettre trop tôt des livres entre les mains des enfants, il arrive cependant un moment où le livre devient l'auxiliaire de l'élève et comme son second maître.

Mais, pour recueillir d'un livre tout le fruit qu'il est capable de donner, il faut savoir s'en servir. Or, dans un livre, les idées ne sont pas rigoureusement classées. Quelle que soit la disposition méthodique des notions, elles y sont toujours rangées dans un ordre *successif*, les unes à la suite des autres, les unes au-dessous des autres. Cet ordre successif ne permet pas toujours à l'élève d'en apercevoir l'ordre *simultané* qui seul est appelé à lui donner et à lui assurer le savoir. Aussi confond-il aisément les notions principales et les notions secondaires; discerne-t-il mal le lien qui les unit ou encore l'idée générale qui les engendre. Il se perd, peut-on dire, dans un dédale de mots et de formes sensibles.

Par quel moyen l'élève parviendra-t-il à découvrir l'ordre simultané et la valeur relative des idées ? Par l'analyse, dira-t-on, par la décomposition des textes. C'est assurément le meilleur moyen de démêler les idées et de les ranger dans leurs vrais rapports d'analogie ou d'opposition, de cause ou d'effet, de prémisses ou de conséquences.

Mais l'élève est-il bien apte à faire ce travail de

classification? N'a-t-il pas besoin d'être guidé et dirigé pour arriver à percevoir réellement l'ordre simultané des notions? Ici l'intervention du maître lui est précieuse, car le travail de classification ne doit pas être abandonné au hasard; mais cette intervention du maître n'a qu'une efficacité incomplète. Quel moyen offre-t-elle en effet de s'assurer que les explications, les commentaires analytiques sont bien compris? Quelque intelligente, quelque accentuée, quelque expressive qu'elle soit, cette intervention, expression fidèle de la leçon du professeur, ne reproduit encore que l'ordre successif qui, nous l'avons vu, est insuffisant.

L'étude du principe de sensation a démontré que la méthode expositive, c'est-à-dire l'enseignement oral, frappe mieux l'esprit que la méthode livresque, qu'elle est moins froide, plus énergique, qu'elle fait naître des perceptions plus sûres et plus précises. C'est un fait admis sur lequel il est inutile d'insister. Mais, en ce qui concerne l'ordre, elle a à peu près les mêmes inconvénients. Ce ne sont, en effet, comme dans le livre, que des idées présentées dans un ordre successif. Ici encore l'élève devra analyser le cours du professeur pour distinguer les notions principales des notions secondaires, et par un résumé qu'il fera de la leçon, les concevoir dans l'ordre simultané, en opérer la classification. Or ce résumé est très difficile, que dis-je, souvent impossible à faire. Il exige une certaine maturité d'esprit. Peut-on la demander à de jeunes écoliers ? Et cependant cette classification dans l'ordre simultané est rigoureusement nécessaire, si l'on veut que l'enseignement donné porte tous ses fruits. Autrement il reste sonore, superficiel et instable.

On l'a si bien compris d'ailleurs que, dans la plupart des établissements, la prise de notes en classe est de rigueur, pendant le cours du professeur. Il en est de la prise des notes comme de l'analyse des textes. Ce sont deux procédés excellents lorsqu'ils sont mis en œuvre avec habileté et discernement, mais plutôt préjudiciables qu'utiles, lorsqu'ils sont employés au hasard sans méthode et sans art. La prise des notes, telle qu'elle se pratique généralement, donne lieu à quatre abus principaux :

1° ELLE EST TROP FATIGANTE lorsqu'elle se continue pour toutes les matières, du matin jusqu'au soir, d'un bout de l'année à l'autre. L'élève finit par s'en lasser; il ne prend plus de notes ou il les prend machinalement.

2° ELLE DISTRAIT L'ATTENTION DE L'ÉLÈVE qui souvent est plus préoccupé de sténographier in-extenso la forme des idées développées que d'en comprendre le sens.

3° ELLE FAVORISE LA PARESSE DE L'ESPRIT. Pendant la leçon du professeur, chaque élève n'a qu'une préoccupation, celle de la reproduire le plus exactement possible par ses notes. Il consignerait volontiers par écrit le mot à mot textuel du cours, pour s'épargner tout travail personnel dans la rédaction ultérieure qu'il doit en faire. Sa pensée tend à devenir inerte et stérile.

4° Les notes sont prises dans un ORDRE SUCCESSIF et offrent le même inconvénient que l'analyse d'un livre faite sans art et sans points de repère rationnels.

Et cependant la prise des notes est nécessaire; mais ces notes doivent être SUGGESTIVES et classées dans leur ordre causal, c'est-à-dire dans leurs vrais rapports de corrélation et d'analogie. Cette classification active n'est rien moins que l'ordre établi par l'élève lui-même, ou mieux encore son raisonnement appliqué à l'association des idées. Procédé facile à obtenir par l'éducation de l'activité, le plus important sans contredit dans l'étude, qui contribue plus qu'aucun autre à soulager la mémoire, à ouvrir et à développer l'intelligence. La véritable classification ne consiste pas à écrire les notions les unes à la suite des autres, ni à les disposer en colonne dans un ordre successif, mais à les ranger dans un ordre simultané en assignant à chacune sa place rationnelle.

La classification SUGGESTIVE offre à cet égard de bien précieux avantages, comme on peut s'en rendre compte par un exemple. Reprenons la leçon d'histoire ébauchée dans le principe de sensation et rappelons-nous que les idées ont été résumées chacune par un mot saillant et facile à retenir, mais seulement dans l'ordre successif.

Si nous nous en tenions à cet ordre successif, nous n'aurions qu'une série uniforme de mots, une liste banale de termes se faisant suite, sans rien dire à l'esprit, sans indiquer d'aucune manière la valeur ou l'importance des idées qu'ils expriment.

Voici d'ailleurs quelle serait cette liste :

1   Règne de Louis XIII,
2   Avénement,
3   1610,
4   Henri IV,

     5   Minorité,
     6   9 ans,
     7   Incapacité de gouverner,
     8   Régence,
     9   La reine-mère,
    10   Usage,
    11   Exemples,
    12   Sanction légale,
    13   Sommation du duc d'Epernon,
    14   Son geste,
    15   Ses paroles.

Ces mots, ou plutôt les notions qu'ils renferment, ainsi disposées les unes à la suite des autres, ne jettent aucune lumière dans l'esprit; on ne voit ni leur enchaînement, ni leur suite naturelle, ni leur valeur, ni leur importance.

Il s'agit donc de les placer dans leur ORDRE LOGIQUE, et de grouper autour de chaque notion celles qui s'y rattachent, de manière à distinguer de l'idée générale les idées principales, secondaires, accessoires, etc.

Chaque mot représentant une idée est écrit d'abord par le professeur au tableau noir et A LA PLACE QUI LUI CONVIENT, puis transcrit par les élèves sur un cahier. En tête vient l'idée-mère, en gros caractères; au dessous sont rangées dans le sens vertical les idées principales, en caractères de moindre dimension mais encore saillants; et en face de chaque idée principale s'alignent les idées secondaires ou accessoires qui s'y rattachent toujours ramenées à un seul terme.

« On forme ainsi de ces mots ordonnés et classés, un tableau intuitif, lequel, frappant l'œil par la représentation nette des idées, concourt à rendre les notions sensibles[1]. »

Ce tableau intuitif prend à peu près la forme ci-dessous, très claire et très simple.

Règne de Louis XIII.

AVÈNEMENT	1610. Henri IV.
MINORITÉ	9 ans. Incapacité de gouverner.
RÉGENCE	La reine-mère. — Usage. — Exemples. Sanction légale. Sommation du duc d'Epernon. — Son geste; ses paroles.

A l'appel de chacun des mots suggestifs, il est facile, en jetant un coup d'œil sur ce tableau, de

1. Extrait du *premier* rapport de M. l'Inspecteur général à M. le Ministre de l'Instruction publique sur la méthode suggestive.

retrouver le développement qu'il comporte. Un avènement au trône en rappelle naturellement l'époque et fait songer au roi précédent : ce sont les deux idées secondaires qui se rattachent à la principale. En voyant le nom de Henri IV, l'élève ne peut manquer de se souvenir qu'il était le père de Louis XIII, et qu'il fut assassiné par Ravaillac dans la rue de la Ferronnerie. Ce seul mot suggestif HENRI IV éveille à la fois l'idée d'un lien de parenté, d'un attentat, de son auteur et du lieu où il fut commis. De même le mot SANCTION LÉGALE rappelle le rôle effacé de Marie de Médicis sous le règne de Henri IV et le besoin qu'elle éprouve de faire sanctionner son autorité par le Parlement. Il en est ainsi des autres termes; l'élève guidé par le tableau suggestif peut, à l'aide de quelques mots seulement, retrouver sans peine tout ce que le maître vient de lui apprendre. Par simple intuition, eu égard à la place que chaque notion occupe dans le tableau, il en perçoit mieux la valeur relative. Et pour féconder chacune d'elles, pour en faire jaillir le développement, il n'a qu'à se recueillir un instant, à diriger lui-même son esprit vers l'objet de sa contemplation. Au premier coup d'œil, tous ses souvenirs se réveillent, les idées surgissent en foule. Les mots suggestifs lui apparaissent comme autant de points lumineux dont les rayons jaillissent et se dispersent dans tous les sens. Puis à un moment donné, il laisse de côté ces signes écrits, et les remplace par le signe de sa PROPRE VOIX, signe plus familier, plus intime et tout à fait propre à faire valoir sa personnalité active. Alors LA PENSÉE SEULE le guidant dans ses souvenirs, il répète à haute voix, animant à son tour l'enseignement animé du maître. C'est l'exercice de la reproduction verbale qui doit suivre chaque leçon, et sur lequel nous fournissons de plus amples explications au chapitre intitulé : LANGAGE VOCAL.

La classification suggestive faite par l'élève provoque sans cesse son attention, soutient son ardeur et soulage sa mémoire. A l'aide des jalons qu'il établit, il s'habitue à ne plus confondre les notions entre elles, à mettre chacune à sa place naturelle, à grouper toutes les parties d'un tout, à les étudier dans leur ensemble et leur ordre logique. De même que dans le plein-cintre les pierres exercent les unes sur les autres une force de poussée qui les consolide naturellement, de même les notions apprises avec ordre et méthode se consolident entre elles, grâce aux rapports rationnels qui les cimentent pour ainsi dire dans l'esprit.

Par la pratique de ce procédé sur des notions de peu d'étendue, l'élève s'accoutume insensiblement à saisir les grandes divisions d'un ouvrage de longue haleine et ses subdivisions, à analyser logiquement sa propre pensée, et par suite à penser, à écrire méthodiquement.

L'analyse suggestive permet encore d'associer sur une même page les divers résumés d'un chapitre et même de plusieurs chapitres d'un ouvrage; d'en embrasser à la fois toute la suite logique et d'étendre ainsi l'horizon de l'intelligence. Il ne faut pas croire cependant que le résumé suggestif soit, par sa brièveté et son peu d'étendue, moins complet que les résumés ordinaires. Chaque idée, si simple qu'elle soit, s'y trouve représentée non par une phrase longue ou diffuse, mais par un terme qui embrasse l'ordre simultané des notions. Le résumé suggestif justifie le proverbe : PEU DE PAILLE, BEAUCOUP DE FROMENT.

Il est aussi moins fatigant que les autres résumés; il ne saurait non plus distraire l'élève de la leçon donnée, puisqu'il sollicite le travail de la pensée par la reproduction à haute voix des idées qu'il éveille dans l'esprit. Enfin, il peut servir de questionnaire et de plan logique d'une lecture.

La méthode *catéchétique*, dont nous avons dit un mot dans le principe de sensation, a ceci de commun avec la méthode *suggestive* qu'elle ne présente aussi que des idées simples et qu'elle sollicite également l'activité de l'élève. Mais la méthode suggestive ne procède pas, comme son aînée, brusquement et à l'improviste, elle laisse à l'enfant ses coudées franches et avec l'initiative de la demande l'initiative de la réponse. Dans la méthode catéchétique, cette réponse se borne souvent à un OUI ou à un NON tout court, ou encore à l'énoncé d'une règle, d'une définition apprise *mot à mot* ; l'élève n'invente rien, ne produit généralement rien d'original. Dans la méthode suggestive la réponse est toujours personnelle, originale, du crû de l'élève. En outre, elle est toujours une reproduction plus ou moins parfaite, mais in-extenso des notions perçues. Elle met en jeu à la fois toutes les facultés intellectuelles.

La méthode catéchétique présente les notions dans un ordre successif ; la méthode suggestive les présente dans l'ordre simultané, pour en faire saisir les rapports.

La méthode catéchétique est un surcroît de fatigue pour le maître qu'elle oblige à multiplier les interrogations; la méthode suggestive le soulage au contraire, en lui ménageant quelques instants de repos qui tournent au profit des élèves. Le rôle du maître, à la suite de chaque leçon, se borne à laisser l'élève parler à son tour selon son inspiration, à le reprendre s'il se trompe, à corriger ses fautes de langage.

La méthode catéchétique, par des questions précises sur une notion déterminée, entrave le mouvement spontané de la pensée, l'emprisonne pour ainsi dire dans un cercle restreint; la méthode suggestive la laisse agir sans entraves, lui donne un libre essor.

La méthode suggestive peut donc se substituer, sinon totalement, au moins dans une large mesure, à la méthode catéchétique. Pour notre part, nous avouons sincèrement qu'à la place du questionnaire traditionnel qui termine chaque leçon, nous aimerions mieux voir un résumé, une expression suggestive, présentant dans sa forme simple, rationnelle et saisissante, la division logique de la leçon ou du chapitre. A tous les points de vue ce serait préférable; le résumé sug-

gestif pouvant d'ailleurs tenir lieu de questionnaire.

La méthode catéchétique n'est bonne que dans
un examen. C'est dans l'analyse personnelle et
active des notions par le principe d'ordre qu'il faut
placer le fondement solide de toute étude.

PRINCIPE D'HABITUDE

CHAPITRE IV

Principe d'habitude.

RÉPÉTER MENTALEMENT LES NOTIONS D'APRÈS LEUR
ENCHAINEMENT LOGIQUE.

La vivacité des impressions, la clarté et la netteté des idées, l'ordre logique, fortifiés par l'activité individuelle et l'attention prolongée, peuvent,
à la vérité, fournir des connaissances complètes en
apparence, incomplètes en réalité. Ce ne sont que
des connaissances momentanées, actuelles; pour
être parfaites, il leur manque un élément essentiel,
la fixité, la durée permanente dans la mémoire.
Les acquisitions récentes sont toujours plus ou
moins fragiles; l'esprit n'en est pas assez fortement
imprégné pour en conserver fidèlement le souvenir; elles tendent à s'obscurcir peu à peu, à s'éva-
porer, et finiraient, sans la mémoire qui les conserve afin de se les rappeler à un moment donné,
par disparaître complètement dans l'oubli. Sans la
mémoire, en effet, toutes les facultés deviendraient

inutiles, tout effort serait condamné à l'impuissance et à la stérilité. Après avoir APPRIS, l'essentiel est de RETENIR ; le savoir parfait, la science réelle ne consiste que dans la possession durable de la vérité, dans la permanence du souvenir.

La première loi de la conservation des souvenirs, c'est que nous les entretenions en nous sous la forme de puissance actuelle. En effet, ce que nous gardons dans l'esprit, ce ne sont pas les objets eux-mêmes, mais seulement la possibilité d'y penser. On conserve l'idée de la souffrance sans avoir perpétuellement ni la souffrance ni l'idée. En d'autres termes, nous conservons nos idées non en acte, mais en puissance ; ce sont des tendances toutes prêtes à se réaliser et à se manifester dès que l'occasion en sera fournie. Leibnitz a comparé la mémoire à un arc tendu qui demeure immobile tant qu'il est retenu par une force, mais qui se détend et fait partir la flèche dès que cette force a disparu. La mémoire est donc une certaine disposition de notre activité qui se maintient en nous et qui se reproduit à l'occasion. Par suite, il n'y a point de souvenir sans activité, et plus notre activité a été grande à l'égard de l'objet, plus nous nous souvenons. Si, en apprenant une leçon, nous y apportons une vive attention, si, au lieu d'apprendre machinalement les mots, nous approfondissons le sens de chacun d'eux, nous retiendrons beaucoup mieux qu'en demeurant passifs. Le souvenir est d'autant plus intense que l'attention a été plus forte.

Outre la conservation des idées, le souvenir complet en suppose encore le rappel. La principale condition du rappel des idées, c'est qu'il ne peut avoir lieu sans une cause particulière qui le provoque. Si nous avons dans l'esprit une multitude de tendances à penser à une multitude d'objets qui se font équilibre, nous ne penserons pas plus à telle chose qu'à telle autre, tant que cet équilibre ne sera pas rompu. Il faut pour passer de l'une de ces tendances à une autre, une cause particulière agissant en nous et provoquant le souvenir de celle-ci plutôt que de celle-là. Ces causes peuvent être de plusieurs sortes, mais la principale consiste dans l'association des idées, dans les rapports qui existent entre elles, de telle sorte que l'une éveille l'autre.

Une autre cause contribue encore à rendre les idées plus sûres et d'un rappel plus facile, c'est la vue répétée d'une même notion. Si nous y faisons attention non seulement une fois, mais deux, trois et quatre fois, il est clair que notre souvenir sera plus net, plus précis et plus solide. Et cette solidité, pour insister sur ce que nous avons dit plus haut, est en raison directe du degré d'activité qui accompagne l'attention donnée à un objet. Aussi la tendance à y penser va-t-elle toujours croissant : autant de fois nous répétons l'acte, autant nous ajoutons de force à la tendance que nous avons déjà. Quand une tendance ainsi acquise est parvenue à son maximum d'intensité, au point d'être toujours prête à se manifester d'elle-même, c'est l'habitude. La mémoire n'est donc que la faculté dépendante des habitudes intellectuelles.

Ce n'est pas précisément la répétition fréquente et machinale des mêmes actes qui engendre cet état de l'âme que l'on appelle l'habitude. L'habitude est le résultat de notre activité intérieure et spontanée qui accompagne cette répétition. Les êtres purement passifs ne contractent point d'habitudes. Prenez des billes, rangez-les dix fois, cent fois, mille fois dans le même ordre, elles ne s'en apercevront pas. Tant qu'il n'y aura rien de changé à l'intérieur, les billes resteront les mêmes, elles n'auront jamais de penchant à venir se ranger spontanément dans l'ordre où vous les avez placées si souvent. Non! la pierre ne s'accoutume pas à tomber, elle ne tombe pas plus vite après la centième fois qu'après la première. En est-il ainsi de la pensée? Quand nous pensons à un certain ordre d'objets pour la millième fois, est-ce de la même manière que pour la première? Est-ce qu'à force d'agir, nous n'agissons pas avec plus de facilité? Est-ce que nous n'éprouvons pas à la suite de chaque répétition un penchant plus prononcé à suivre la direction de notre activité? Ce penchant est un état nouveau de l'être actif et pensant qui s'est modifié lui-même, car il a puisé dans le trésor intérieur de son activité quelque chose à dépenser pour atteindre un but et produire un résultat. Cette modification tend à se conserver et à se maintenir de plus en plus, et la permanence une fois acquise, c'est l'HABITUDE ACTIVE. Cette habitude résultant de l'activité intellectuelle ne peut pas s'évanouir comme la sensation qui disparaît en même temps que les objets extérieurs; elle constitue dans l'esprit une force nouvelle, créée et mise en nous par nous-mêmes; elle s'est acquis un titre à la durée et à l'existence permanente; elle tendra à persister et à se manifester en dépit du temps.

Autant de connaissances nouvelles, autant de tendances nouvelles qui ont le même titre à la durée et à l'existence permanente; autant de forces nouvelles introduites dans l'esprit qui ont leur raison d'être et de continuer d'être. De là une lutte entre ces diverses tendances, une espèce de dynamique intellectuelle dans laquelle la victoire appartient à la tendance la plus forte, la plus dominante, à moins que cette liberté, qui ne nous abandonne jamais, ne communique de sa force à l'une d'elles par la volonté et ne modifie le cours naturel et fatal de nos idées.

L'HABITUDE ACTIVE est donc cette merveilleuse loi naturelle qui, triomphant de tous les obstacles, rend tout aisé, tout facile. Elle est l'âme des études, le fixatif puissant de l'élément du souvenir; c'est elle qui transforme insensiblement les connaissances en substance mentale. C'est par l'habitude active, par la répétition raisonnée et non machinale, par la réflexion et non par la routine, que la mémoire des enfants s'ordonne d'une manière définitive et peut conserver intégralement les notions qu'on y a déposées.

Telle est l'ASSIMILATION INTELLECTUELLE produite par la classification et la répétition des idées, indépendamment de leurs formes sensibles.

Dans le remarquable ouvrage pédagogique de M. Carré, nous nous souvenons d'avoir lu le passage suivant : « UN ÉLÈVE QUI POURRAIT RÉPÉTER TOUS LES JOURS UNE LEÇON APPRISE FINIRAIT PAR NE PLUS L'OUBLIER. »

Toutefois la répétition doit être mentale et non mécanique, elle doit porter sur les idées plutôt que sur les mots. Quoi qu'il en soit, l'auteur a pressenti la loi de l'assimilation intellectuelle ; mais, en émettant cette vérité si simple, s'est-il rendu compte qu'il posait le principe d'un problème pédagogique à résoudre et dont l'énoncé se résume en ces mots :

TROUVER LE MOYEN DE FAIRE RÉPÉTER LOGIQUEMENT TOUS LES JOURS, DU MOINS PENDANT UN CERTAIN TEMPS, LES NOTIONS APPRISES, SANS GÊNER NI RETARDER LA MARCHE EN AVANT DES ÉTUDES.

La solution est-elle possible avec les procédés actuellement usités dans l'enseignement ? Essayons de nous en rendre compte par un exemple.

Supposons une leçon d'histoire faite en classe

par la méthode expositive. Quelle qu'ait pu être l'attention de l'élève, il est hors de doute qu'après l'exposition il n'aura qu'une idée vague et générale, une légère teinte des faits. Son esprit n'a rien conservé de précis, une foule de détails ou de faits secondaires lui échappent.

Faut-il l'en blâmer et nous montrer à son égard plus exigeants que nous ne le sommes pour nous-mêmes ? Ce qui se produit pour l'écolier à la suite d'une leçon orale ne se produit-il pas pour nous à la suite d'un discours ou d'une conférence que nous venons d'entendre ? Or, avec les moyens ordinaires dont il dispose, l'élève est-il bien en mesure de combler par lui-même les lacunes inévitables d'une seule exposition orale ; de donner à ses idées plus de netteté et de fermeté ; de saisir l'ordre simultané des notions dont il n'a entrevu qu'à peine l'ordre successif ; en un mot d'achever, de consommer pour ainsi dire l'œuvre de l'assimilation intellectuelle ?

De deux choses l'une : ou le maître après l'exposition orale emploiera la méthode catéchétique, ou l'élève, abandonné à ses seules ressources, aura recours au livre.

Dans le premier cas, l'assimilation peut-elle se

produire par l'interrogation ? Évidemment non, car la méthode catéchétique ne saurait être utilisée assez fréquemment pour opérer cette assimilation, qui du reste est moins l'œuvre du maître que celle de l'élève.

Dans le second cas, saura-t-elle se produire à l'aide du livre ? Comment s'imaginer que l'élève puisse repasser et répéter sur le livre jusqu'à s'assimiler l'enseignement vivant du maître ? Ne serait-il pas à craindre, au contraire, qu'il ne perdît aussitôt les salutaires impressions de l'enseignement oral ? que les signes écrits ne servissent qu'à développer dans son jeune cerveau les habitudes des sens extérieurs ? La lecture, en somme, gêne et contrarie toujours un peu l'élan de l'esprit ; la pensée, moins alerte, moins vive, semble canalisée dans les lignes noires de l'imprimé, elle est comme absorbée dans une certaine mesure par le caractère et perd de sa force et de sa lucidité. L'usage exclusif du livre aurait pour effet de stériliser la faculté de penser *mentalement*, si l'on peut ainsi s'exprimer. Il en est de même de toutes les formes graphiques et sensibles dont il faut toujours faire un usage sobre et discret, puisqu'on ne peut s'en passer totalement.

Sans doute on a vu quand même des hommes instruits se former sur les bancs de l'école; ils ont su s'assimiler les notions enseignées sans autres moyens que les interrogations ou l'étude sur le livre, mais on est forcé de reconnaître que le plus souvent ces natures privilégiées ont dû leur succès à des dispositions particulières, à une volonté tenace, à un travail opiniâtre, à une merveilleuse force de raisonnement. Ils ont suppléé par une intelligente initiative à l'insuffisance des moyens pratiques dont ils disposaient, ce ne sont après tout que des exceptions et non le résultat ordinaire et général de l'enseignement. M. H. Marion n'hésite pas à le proclamer. Dans son dernier ouvrage, l'*Education dans l'Université*, il déclare que « l'enseignement est loin de donner pour la moyenne des élèves des fruits qui soient en rapport avec ceux qu'il donne pour l'élite ».

Il semble donc que la loi d'habitude soit encore mal observée dans les classes. Cela tient à ce qu'il n'y a pas de méthode pour APPRENDRE comme il y en a pour ENSEIGNER. Il y a bien les révisions hebdomadaires, mais la plupart des élèves, oubliant à peu près chaque jour ce qu'ils apprennent, se trouvent à la fin de la semaine aux prises avec une leçon presque aussi neuve que s'ils la voyaient pour la première fois, et dont l'étendue démesurée exige un effort trop pénible et souvent impossible. Que dire alors des récapitulations mensuelles, trimestrielles, annuelles, préparées sur le livre? Tours de force, purs tours de force de mémoire et d'intelligence analogues aux ridicules épreuves du moyen âge que l'ignorance et la routine ont consacrées, et dont les suites funestes sont d'autant plus à craindre de nos jours qu'on a multiplié les concours et les examens. Ces efforts de mémoire épuisent les forces intellectuelles de l'élève sans grand profit, et constituent le surmenage.

Les récapitulations ne doivent être ni étendues ni éloignées, mais courtes et rapprochées. C'est tous les jours que l'élève doit revoir par la pensée les notions apprises.

Ces révisions quotidiennes satisfont-elles à la seconde condition du problème, c'est-à-dire sont-elles possibles sans entraver la marche en avant des études?

Oui, grâce à la classification suggestive, basée sur ce principe qu'un seul terme, une abréviation même, le SIGNE DE L'IDÉE ou son terme suggestif suffit pour rappeler à l'esprit, non seulement l'idée elle-même, mais encore toutes celles qui ont des rapports avec elle et forment sa PORTÉE SYNTHÉTIQUE; comme une petite pierre nous rappelle la montagne ou le monument dont elle a été tirée, comme la vue d'un tableau nous fait penser au peintre qui l'a fait, comme un nom historique éveille en nous le souvenir du passé, comme une carte de France nous fait penser à nos fleuves, à nos villes, à nos grands hommes, à la patrie, à ses gloires, à ses malheurs.

La marche à suivre consiste donc à présenter d'abord à l'attention des élèves, dans un ordre systématique, naturel ou accidentel, la succession des notions apprises, au moyen de quelques mots SUGGESTIFS; de leur rappeler ensuite ces mêmes notions dans ce même ordre, en provoquant l'imagination représentative qui retrace l'image des idées absentes.

Ces récapitulations, ces révisions méthodiques, rapides et fréquentes, ont l'immense avantage de maintenir toujours fraîches dans l'esprit les notions perçues, sans nuire à la marche progressive des études.

FAIRE LOGIQUEMENT RÉPÉTER TOUS LES JOURS

DES NOTIONS APPRISES, telle est la solution de ce problème si difficile en apparence, si simple en réalité, et dont la méthode d'ASSIMILATION n'est qu'une application constante.

Par la méthode suggestive, la loi de l'habitude active comprend trois exercices distincts et simultanés qui se complètent :

1° LA RÉCITATION IN-EXTENSO,

2° LA RÉCITATION DU RÉSUMÉ,

3° LA RÉCITATION DU RÉSUMÉ DES RÉSUMÉS.

Dans la récitation analytique in-extenso, l'élève reproduit à haute voix et logiquement la valeur des notions développées ou expliquées à l'avance par le maître, avec le RÉSUMÉ SUGGESTIF sous les yeux.

Lorsque la reproduction verbale a lieu aussitôt après la leçon, elle remplace avantageusement le procédé interrogatif, et introduit dans les classes l'usage permanent du LANGAGE VOCAL auquel nous consacrons plus loin un chapitre particulier en raison de son importance et de sa valeur.

De cette façon, l'esprit suit une marche à la fois ANALYTIQUE et SYNTHÉTIQUE dans les grandes divisions d'un chapitre ou d'un ouvrage.

Par la classification ou l'analyse suggestive,

l'élève jalonne sa route, établit ses points de repère, et retrouve sur son cahier par la réflexion tout le développement que comporte chaque expression. Les mots suggestifs qui représentent une série de notions affiliées, mettent en jeu toutes ses facultés, la réflexion, la comparaison, l'association des idées. Ses perceptions ne sont-elles pas plus nettes ?

Quoi de plus facile alors que d'en reconstituer la synthèse et de les reproduire verbalement dans leur ordre logique ?

Cet exercice comprend à la fois la PHRASÉOLOGIE par le développement de chacune des idées du résumé, et la COMPOSITION par la coordination de toutes les pensées du texte. Il habitue les élèves à la CONCEPTION MÉTHODIQUE des idées, à la coordination par la puissance du verbe. Pratiqué en présence du maître, tantôt par un élève, tantôt par un autre, il contribue à fixer les notions dans l'esprit de celui qui parle et de ceux qui écoutent, à développer en eux toutes les forces de la pensée, à entretenir chez tous de bonnes habitudes de diction.

La reproduction verbale in-extenso ne doit pas être une récitation littérale ; les leçons apprises mot à mot exigent un effort trop pénible et une trop grande perte de temps, sans profit sérieux pour l'élève. Quel avantage y a-t-il à apprendre des phrases toutes faites? « Savoir par cœur n'est pas savoir, » dit Montaigne. A la mémoire stricte des mots, aussi fastidieuse qu'inutile, substituons la mémoire large des pensées, qui apprend à l'élève à se servir de ses propres ressources.

A Dieu ne plaise cependant que nous proscrivions la récitation littérale dans l'étude des beaux textes, des morceaux de prose ou de poésie des grands maîtres dont il convient d'enrichir et d'orner la mémoire des enfants! C'est ici surtout que la récitation mot à mot est nécessaire, à condition encore que les élèves comprennent parfaitement le sens de ce qu'ils récitent. Les définitions, les théorèmes, les formules scientifiques, quelques règles principales de grammaire ou de toute autre science peuvent encore être apprises mot à mot; en dehors de ces cas particuliers, laissons à l'élève sa façon originale de rendre ses pensées, en nous bornant à corriger ses fautes de langage.

Un pédagogue anglais, M. Ficht, a parfaitement déterminé les cas où la récitation littérale est de rigueur:

« S'il s'agit simplement de faire retenir des pensées, des faits, des raisonnements, laissez l'élève reproduire à sa guise et dans son langage. Ce n'est pas le moment de mettre en branle la pure mémoire verbale. Mais si les mots qui servent à l'expresion d'un fait ont par eux-mêmes une beauté propre, s'ils représentent quelque donnée scientifique, ou quelque vérité fondamentale qu'on ne pourrait exprimer aussi bien en recourant à d'autres termes, alors veillez à ce que la forme, aussi bien que la substance de la pensée, soit apprise par cœur. »

L'exercice de la reproduction verbale in-extenso ne doit porter tout au plus que sur les notions d'un chapitre et seulement deux ou trois fois consécutives, à des intervalles de jour. On comprend sans peine que la répétition incessante de la portée d'un même chapitre rendrait impossible la marche en avant et deviendrait fastidieuse à nos jeunes élèves. D'ailleurs, au bout de quelques jours, la reproduction verbale étendue n'est plus nécessaire pour opérer l'œuvre de l'assimilation des idées, à laquelle l'abus des signes vocaux serait même un obstacle. Pour l'assimilation des idées, il faut la répétition des idées elles-mêmes par la pensée. A un moment donné, la récitation du résumé par voie de réflexion et de travail intérieur suffit amplement.

Cet exercice consiste à énumérer simplement les titres des notions principales et des notions subordonnées de la leçon étudiée, toujours dans l'ordre établi par la classification et sans le secours du tableau suggestif. A l'appel à haute voix de chaque notion, l'idée qui s'y rattache se présente naturellement et sans retard à la pensée de l'élève qui récite et de ceux qui écoutent.

La récitation du résumé d'un chapitre ne demande que quelques secondes, et si elle se fait à des intervalles de jour pendant plusieurs jours consécutifs, il est évident que les perceptions deviendront de plus en plus présentes à l'esprit, et qu'en s'éclairant elles se lieront plus étroitement dans la mémoire.

La récitation du résumé peut être appelée à juste titre RÉCITATION MENTALE, nom improprement attribué à la récitation par cœur dans laquelle les sons appelant automatiquement les sons, la pensée est souvent absente.

Il existe encore un autre mode plus rapide de réciter MENTALEMENT les notions des chapitres étudiés, c'est la récitation du résumé des résumés par la notion de la notion. L'élève, à l'appel des chapitres étudiés, ne donne de chacun d'eux que les grandes divisions.

Si la récitation rapide d'un ou de plusieurs chapitres successifs d'un ouvrage a lieu progressivement tous les jours, il est indubitable que cet exercice aura pour effet d'ouvrir à l'intelligence des horizons de plus en plus étendus et de produire l'ASSIMILATION INTELLECTUELLE du savoir.

Ce troisième mode de récitation est employé indéfiniment, mais seulement à des intervalles de jour et pendant quelques secondes. L'efficacité de la répétition dépend moins de la longueur de chaque séance que du nombre de séances employées. Mieux vaut, par exemple, répéter deux minutes par jour pendant huit jours, que de répéter deux heures de suite en une seule séance.

Ainsi l'élève revient constamment, à mesure qu'il avance, sur les notions apprises. Il suit l'enchaînement des idées lentement d'abord, mais en embrassant chaque fois au passage toute la PORTÉE SYNTHÉTIQUE que chacune d'elles comporte.

Il ne se lasse point d'un retour qui se reproduit sans cesse et qui n'est pas sans attrait, car la mémoire en se fortifiant est suivie par l'intelligence qui discerne mieux les notions et les rapports qui les unissent les unes aux autres.

A ceux qui ne verraient dans cette répétition

qu'un mouvement de va-et-vient capable de retarder ou d'entraver la marche des études, nous ferons observer que notre méthode d'assimilation, loin de gêner la marche en avant, l'assure et la favorise. Chaque notion s'y trouve placée de telle sorte que toute notion nouvelle fortifie la précédente et en reçoit elle-même un appui, comme les couches concentriques d'un chêne se durcissent de plus en plus à mesure que le retour des saisons enrichit l'arbre de couches fraîches et nouvelles. En supportant celles-ci, elles se consolident elles-mêmes. L'image des notions reste donc d'autant plus nette, d'autant plus fidèle que la perception s'est reproduite plus de fois, et le moment arrive toujours où chaque impression devient une empreinte ineffaçable.

Ce moment est précisément celui où la pensée se joue en quelque sorte sur la succession des notions apprises. Le développement d'esprit de l'élève est tel alors qu'il peut embrasser à la fois tout l'ensemble des ouvrages qu'il a étudiés, et discerner en même temps avec netteté les idées qui découlent des idées principales, comme il peut remonter des faits particuliers à la connaissance de leurs lois générales. Et les philosophes ont eu raison de comparer la mémoire ordonnée à une chaîne dont les anneaux, quoique distincts, sont étroitement unis entre eux. L'impulsion communiquée au premier anneau se transmet rapidement jusqu'au dernier, et si l'impulsion commence par un des anneaux intermédiaires de la chaîne, le mouvement se propage également en montant comme en descendant vers les deux extrèmes.

Les spécialistes les plus distingués, à quelque profession qu'ils appartiennent, ne se sont pas formés autrement que par l'application incessante de l'habitude active, sans laquelle il n'y a pas de progrès scientifiques.

Toutefois, nous devons faire remarquer que cette habitude active, par cela seul qu'elle est une puissance naturelle, est soumise elle-même dans les études à des lois qu'on ne saurait enfreindre.

Elle est un levier puissant, propre à soulever toutes sortes de masses, à rapprocher de notre entendement toutes sortes de matériaux; mais il en est des leviers intellectuels comme des leviers physiques : ils ne doivent pas dépasser la limite assignée à leur action.

Nous venons de voir que, par une répétition raisonnée, réfléchie, le jeu de la mémoire s'affermit et s'accélère; dès lors le simple rappel des signes ordonnés et de leur valeur relative n'est plus un travail; ils se rapprochent, se représentent d'eux-mêmes, leur intervalle se comble; d'où pour l'élève une suite de signes et d'idées liés ensemble dans la même chaîne et d'une représentation toujours claire et fidèle. C'est la mémoire REPRÉSENTATIVE, fondement unique de l'intelligence humaine.

Les notions sont alors à ce juste degré de proximité qui permet à la pensée de les encadrer dans le même tableau, de les élaborer, c'est-à-dire de les combiner dans un ordre nouveau, de les comparer, d'en saisir les rapports. Comme c'est là le seul but que nous poursuivons, il convient alors de ralentir progressivement les exercices volontaires de l'habitude.

En effet, au delà de ce terme, que nous venons de fixer, tout s'obscurcit, tout se confond. En devenant plus rapide, l'habitude exclut l'attention pour ne lui substituer qu'un aveugle mécanisme des mots s'associant inconsciemment les uns aux autres et ne produisant que des sons.

Alors la mémoire devient AUTOMATIQUE, n'ayant désormais qu'une conscience affaiblie de ses impressions, et la pensée devenue passive perd la puissance de ses actes, ne peut plus se diriger elle-même dans son essor ; elle ne peut plus changer son allure habituelle et résiste même à tout ce qui pourrait la modifier, semblable au pendule qui ne s'écarte point de l'arc déterminé auquel la pesanteur le ramène.

Comme on le voit, la loi de l'habitude peut nous conduire dans une bonne ou dans une mauvaise direction, selon que la mémoire qu'elle forme est REPRÉSENTATIVE OU AUTOMATIQUE. Dans le premier cas, elle exerce une influence favorable sur l'intelligence qu'elle fortifie et développe ; dans le second, elle mène à la routine et efface la personnalité.

Il incombe donc aux maîtres de faire contracter à leurs élèves de bonnes habitudes qui fournissent une représentation claire des idées et de leurs rapports, comme aussi de les préserver des formes purement mécaniques des habitudes passives, qui finissent par énerver l'entendement.

Ils ordonneront la mémoire de leurs élèves en maintenant dans un juste équilibre les forces de leur pensée ; de cette façon les notions apprises deviendront progressivement chez chacun d'eux autant de solides points d'appui pour assurer la marche de leurs études.

RÉSUMÉ THÉORIQUE DE LA MÉTHODE

RÉSUMÉ THÉORIQUE

de la méthode

La méthode suggestive poursuit l'assimilation intellectuelle des connaissances par l'exercice harmonieux et simultané de toutes les facultés.

L'étude des trois principes sur lesquels elle s'appuie a démontré, en effet, que dans la vie morale tout se tient; qu'une faculté n'entre jamais isolément en exercice; que l'esprit se porte avec l'ensemble de ses forces à la poursuite des connaissances dont il veut s'enrichir; que si, dans tel ordre de recherches, telle faculté domine, ici les sens, là l'imagination, ailleurs le raisonnement, au fond toutes les facultés se prêtent un mutuel secours et collaborent à la même œuvre; que les distinctions établies entre elles par l'analyse du moi n'ont qu'un intérêt purement spéculatif, et qu'en réalité toute acquisition sollicite, à des degrés divers, leur action simultanée.

De ces trois principes nettement exposés nous avons dégagé les conclusions suivantes : que les facultés de l'enfant, malgré l'inégalité apparente et relative dont elles ont été frappées par la nature, devaient se développer conformément aux lois mêmes de leur évolution, c'est-à-dire simultanément, harmoniquement, progressivement; que l'esprit est un tout organisé comme le corps, et que les fonctions de l'un et les organes de l'autre demandent à s'exercer et à se fortifier dans une égale proportion; qu'une faculté développée avec exagération au détriment des autres constituerait, dans l'ordre moral, une difformité non moins étrange que celle d'un membre d'une croissance démesurée, dans l'ordre physiologique; enfin, que la méthode suggestive écarte ces graves dangers en maintenant l'harmonie et l'équilibre entre toutes les forces de l'esprit.

Comme dit le major Stein :

C'est une méthode fondée sur la nature de l'esprit pour développer toutes les facultés de l'âme, pour réveiller et nourrir tous les principes de vie, en évitant toute culture partielle et en tenant compte des sentiments qui font la force et la valeur des hommes.

Elle comprend à la fois l'instruction proprement dite et l'éducation intellectuelle. Car autre chose est la transmission des connaissances, autre chose la culture générale de l'intelligence. Les connaissances acquises à l'école ne sont pas toujours pour l'enfant le meilleur de son gain ; il y aura beaucoup plus profité s'il en sort muni de facultés fortes et souples, d'un jugement droit, d'un raisonnement exact, d'une mémoire sûre et aisée. La grande affaire pour lui consiste moins à être instruit qu'à être en état de s'instruire par lui-même dans la suite et d'étendre à son gré le champ du savoir.

Le mode suggestif ne renverse rien de ce qui existe. Il s'adapte à toutes les méthodes et s'applique indifféremment à tous les genres d'étude, sans que les professeurs aient à modifier en quoi que ce soit leur enseignement. Il s'accommode aussi bien du procédé scientifique des classes élémentaires que du procédé dogmatique des classes supérieures : mode essentiellement libre et indépendant, sorte de terrain neutre où toutes les méthodes peuvent se donner rendez-vous, abstraction faite de la nature de leurs opérations spéciales.

Il peut rendre des services non seulement à l'enfant, mais encore à l'adulte, à l'homme d'étude quel qu'il soit. Tous ceux qui font des travaux intellectuels leur occupation principale s'en serviront avec fruit.

Il y a divers procédés d'enseignement plus ou moins judicieux et féconds, mais rien ne vaudra jamais l'initiative individuelle. Les méthodes appelées à fournir le plus riche contingent de résultats seront toujours celles qui sauront mettre en jeu l'activité personnelle. C'est le but que se propose la méthode suggestive en obligeant l'enfant à mêler constamment son action propre à celle du maître, et à participer par sa collaboration effective à l'enseignement qu'il reçoit.

Notre méthode prescrit avant tout l'analyse attentive et méthodique de la pensée, considérée dans ses trois facteurs principaux : *sens, ordre* et *style.* Un terme suggestif qui en résume l'expression frappe et fixe l'esprit. Par là l'enfant s'habitue à ne jamais regarder sans voir; son attention se porte sur le vif des choses et il s'en forme des idées nettes et fermes. Sa participation active dans le travail d'analyse ne tarde pas à lui faire découvrir l'ordre logique qui relie les notions entre elles. Guidé par la réflexion personnelle il associe les idées, les rattache les unes aux autres, transforme le résultat de ses observations en synthèse, et arrive par lui-même à embrasser dans une vue d'ensemble toute l'étendue de la question. Il remonte alors la pente qu'il avait descendue par l'analyse, il repasse par les chemins qu'il a déjà parcourus, il y avance d'un pas sûr et en pleine lumière. Il revoit encore les mêmes notions, et cette fois dans leur ordre et à leur place; il en perçoit la valeur relative; il se rend compte et il comprend.

Analyse et synthèse, tels sont les deux procédés dont l'application simultanée garantit à l'intelligence l'acquisition certaine et fidèle de la vérité. Heureux de se voir si promptement récompensé de son effort, l'enfant redouble de zèle; il prend goût à l'étude et s'engage délibérément dans la voie qui doit le conduire au succès. Son initiative ne saurait se ralentir et ses progrès s'accentuent chaque jour davantage.

Ses conquêtes sont pour lui d'autant plus précieuses qu'elles ont été le résultat de l'effort volontaire. Il sent qu'il a mis une portion de lui-même dans les connaissances dont il a enrichi son esprit, il surveille son trésor avec un soin jaloux et cherche à le préserver des atteintes du temps et de l'oubli. Il revient sans cesse par la pensée sur les notions acquises, et chaque fois son esprit s'y attache avec une nouvelle force jusqu'à ce qu'il en ait épuisé toute la sève et s'en soit assimilé la substance.

Au témoignage que nous nous rendons à nous-mêmes de la puissante efficacité de notre méthode, nous devons, dans l'intérêt d'une démonstration complète, en ajouter un autre d'autant plus précieux qu'il émane d'une haute autorité universitaire. C'est un passage que nous détachons du *premier* rapport adressé par un inspecteur général de l'enseignement à M. le Ministre de l'instruction publique sur la méthode suggestive. Ces quelques lignes constituent à la fois un résumé substantiel de cette méthode et un jugement définitif, nous osons le dire, de notre doctrine.

« Cette méthode, dit M. l'Inspecteur général, procède par l'application de trois principes dont l'action combinée aboutit à la complète assimilation des diverses notions enseignées dans les écoles, collèges et même facultés.

LE PRINCIPE DE SENSATION consiste à rendre les notions sensibles; c'est le procédé INTUITIF tant recommandé dans les écoles, seulement l'auteur lui a donné le nom de SUGGESTIF qui mérite de passer dans la circulation.

LE PRINCIPE D'ORDRE a pour objet la classification des idées dans leur ordre logique.

Enfin l'auteur satisfait au PRINCIPE D'HABITUDE par la répétition mentale des mêmes notions dans le même ordre logique.

Ainsi : procédé intuitif, ordre logique, répétition mentale, tels sont les éléments de la méthode. »

S'il n'y a pas précisément découverte dans la mise en œuvre de ces trois principes, oserait-on soutenir qu'il n'y a aucune originalité dans le mode d'application ?

En effet nous insistons, nous approfondissons plus qu'on ne le fait ordinairement dans les classes; ici, l'application des trois principes de sensation, d'ordre et d'habitude est fortuite et irrégulière; chez nous, elle est méthodique et persévérante. Enfin, nous voulons que le mode suggestif soit la règle générale et la forme dominante de l'enseignement dans chacun de ces trois principes. Mais l'efficacité de la méthode résulte surtout de cette activité personnelle sans cesse tenue en éveil, et par laquelle l'esprit échauffant la sécheresse des idées leur communique sa flamme et leur donne la couleur et la vie.

Aussi M. l'Inspecteur général, dans un *deuxième* rapport à M. le Ministre de l'Instruction publique, n'a-t-il pas hésité à dire que le mode suggestif était : « LA MOËLLE MÊME DE L'ENSEIGNEMENT. »

DEUXIÈME PARTIE

AVANTAGES DE LA MÉTHODE

DU LANGAGE VOCAL

DEUXIÈME PARTIE

AVANTAGES DE LA MÉTHODE

CHAPITRE I

Du langage vocal.

En introduisant dans les classes l'usage presque général du LANGAGE VOCAL, la méthode suggestive substitue la parole vivante à la lecture morte et souvent incomprise du livre, et donne aux enfants l'habitude d'exprimer avec aisance leurs pensées.

Cette heureuse conséquence est d'une importance si capitale que nous avons omis à dessein de nous y arrêter jusqu'ici pour en faire l'objet d'un chapitre particulier, en raison surtout du rôle prépondérant que, de nos jours, le talent de la parole est appelé à jouer dans toutes les situations de la vie.

Un de nos pédagogues les plus distingués nous écrit à ce sujet :

« Le principal mérite de votre méthode, qui la rend digne d'approbation et la recommande dans nos écoles, c'est qu'elle oblige l'enfant A PARLER ; je veux dire à développer DE VIVE VOIX des idées perçues et affiliées à l'avance. Il est juste de reconnaître qu'en dehors du procédé suggestif, il était difficile d'atteindre ce résultat.

« Les méthodes en usage dans l'éducation m'ont de tout temps paru avoir trop de rapport avec celle qui est usitée dans les établissements de sourds-muets.

« Je m'explique. Si nous entrons dans une classe, la mieux tenue, pour en suivre les exercices, nous n'entendons guère que la voix du maître. Ce n'est que de temps en temps qu'un élève PARLE, pour répondre par un OUI ou un NON tout court, ou encore pour énoncer une règle, une définition apprises mot à mot.

« Ensuite la majeure partie de la classe et des études est consacrée aux devoirs écrits. Enumérons-les dans l'école primaire sans compter les heures : écriture appliquée ou calligraphie ; exercices de grammaire ; dictées ; conjugaisons ; analyses gram-maticale et logique ; style et composition fran-çaise ; devoirs de calcul, d'arithmétique ; problèmes de géométrie ; dessin ; transcription des devoirs au net, etc., etc.

« Bref, dans une classe, presque tout se borne à ÉCOUTER ou à ÉCRIRE. L'ART DE PARLER est entièrement sacrifié à l'ÉCRITURE ou au SILENCE, à tel point que l'élève perdrait à l'école la pratique de sa langue, s'il ne causait dans sa famille ou durant les récréations avec ses camarades. Et quel langage encore ! Entendez-le, toujours les mêmes formes, le même vocabulaire.

« Avec cette méthode qui s'appuie sur l'écriture seule, n'est-il pas à craindre que le travail de la pensée, si toutefois il existe, ne soit trop concentré dans le cerveau ? Selon moi, il est trop renfermé, trop intérieur. La pensée a besoin de se produire, elle gagne même en netteté à se manifester par la parole. L'élève qui lui donne un corps verbal la perçoit mieux et se crée de bonnes habitudes de langage.

« J'estime que l'art de parler et d'écrire doivent être cultivés dans les classes ; mais le premier a toujours eu à mes yeux une importance plus grande dans l'éducation. Il est d'ailleurs plus nécessaire dans la vie ; on écrit en effet rarement, et l'on parle tous les jours. »

Ces observations fort justes sont conformes de tous points à notre doctrine pédagogique, car nous condamnons dans l'éducation l'abus de tout travail où la lettre et le mot intéressent plus l'œil que l'esprit, c'est-à-dire l'abus des exercices écrits au détriment des exercices oraux.

Dans toutes les langues on distingue bien deux sortes de signes, le signe VOCAL et le signe ÉCRIT; mais ce n'est pas précisément à l'art de manier les signes écrits qu'est attaché le développement des forces mentales.

L'écriture n'est en somme que la représentation visible de nos idées, dont la parole est la véritable et vivante expression. L'écriture trop souvent ne frappe que les yeux et semble couvrir d'un voile l'idée elle-même; par sa lenteur, elle enraye le mouvement et paralyse les forces de la pensée. La parole au contraire en est la manifestation naturelle et immédiate, elle est indépendante des signes graphiques. Plus prompte que l'écriture, elle entraine avec elle dans sa rapidité toutes les facultés de l'intelligence; elle naît de l'entendement dont elle est le souffle et le reflet.

Les signes vocaux sont beaucoup plus simples, beaucoup plus naturels, beaucoup plus familiers que les signes écrits ; ils sont aussi plus commodes et mieux appropriés à leur but.

« Lorsque l'élève en fait usage, dit Maine de Biran, son MOI semble se diviser en deux personnes distinctes. L'une parle, l'autre écoute ; l'une exécute les mouvements, l'autre juge de l'exécution, en perçoit, en détaille les effets, en recueille les produits. Aucune impression, aucun autre mouvement ne jouit à ce degré d'une double lumière ; aucune ne favorise autant la méditation solitaire, ne replie la pensée sur elle-même d'une manière aussi intime ; aucune ne retentit ainsi dans le cerveau et ne lui procure cette sorte d'électrisation sonore ; aucune espèce de signe enfin n'est susceptible de cette variété de caractères, d'inflexions et de nuances, pouvant se prêter à toutes sortes d'imitations, de peintures, satisfaire tous les besoins de la pensée, la guider ou la suivre dans la formation de ses tableaux les plus composés comme dans les détails de ses analyses les plus délicates. »

Donc rien pour l'élève ne remplira aussi parfaitement la fonction de signe que le signe DE SA PROPRE VOIX.

D'ailleurs une science quelconque, pour être acquise, doit-elle passer par l'écriture ? Étudier les programmes par l'écriture, c'est retarder en pure perte la marche des études, c'est augmenter dans une vaste proportion et sans aucun profit la fatigue des élèves et des maîtres.

Un préjugé assez répandu même chez certains membres de l'enseignement tendrait à faire croire que les leçons écrites sont celles que l'on retient le mieux. Ce n'est pas absolument prouvé, quelques cas particuliers ne pouvant jamais tenir lieu de règle générale. Mais, quand même il en serait ainsi, c'est précisément ce genre de mémoire que nous voulons combattre, lorsqu'il est appliqué aux sciences, aux lettres, à l'art de penser, de concevoir, de raisonner. Cette mémoire sans énergie et pour ainsi dire toute matérielle ne tend qu'à développer les sens extérieurs et les habitudes passives, alors qu'il s'agit de déployer les forces de la pensée et l'activité personnelle. Aux facultés intellectuelles il faut une gymnastique purement intellectuelle, un exercice exclusivement mental par la PAROLE.

Concevoir l'idée d'abord, puis l'exprimer de vive voix et l'écrire en dernier lieu, telle est la marche rationnelle de toute étude. L'art d'écrire ne doit être que la résultante de l'art de parler. L'exercice de la parole, voilà l'exercice primordial et de première nécessité pour la culture des esprits.

Mettre l'enfant, et par suite l'homme, en état

d'exprimer facilement sa pensée, de concevoir et de présenter ses idées sous une forme claire, correcte, précise; de les disposer avec ordre, de les relier, de les enchaîner les unes aux autres, n'est-ce pas là le point essentiel, le but suprême de l'éducation ? L'art de parler, c'est-à-dire de se faire comprendre, de se faire écouter avec intérêt, d'obtenir l'assentiment de ses auditeurs, non pas dans un discours oratoire, mais dans les entretiens ordinaires de la vie, a toujours passé pour un des talents les plus appréciés, les plus enviés, les plus en honneur dans une société. Quelle importance, disons mieux, quelle dignité n'acquiert pas à nos yeux celui qui le possède; et pouvons-nous, parmi toutes les prérogatives de l'humanité, en trouver une autre qui surpasse celle-là en étendue et en valeur ?

L'importance de l'art de parler n'a point échappé aux éducateurs de la jeunesse; ils en ont fait au contraire le sujet de leurs plus sérieuses méditations. Mais tous les moyens tentés jusqu'à ce jour pour faire naître et développer chez les enfants le talent de la parole ou la facilité du style qui en découle, n'ont abouti qu'à des résultats insignifiants. Assurément l'instruction a pris de nos jours une extension considérable, et dans toutes les branches de l'enseignement on peut constater des progrès réels, tangibles, incontestables. Seul, le don de la parole, l'art de s'exprimer demeure à l'état stationnaire ; si l'on cherche ce qu'il a gagné, on se trouve à peu près en face du néant. La partie la plus importante, la plus sérieuse, la plus utile de l'enseignement n'a pas fait encore un pas dans la voie du progrès. A quoi attribuer sur ce point unique l'absence de résultats en dépit des efforts tentés pour arriver à un perfectionnement ? A l'absence d'une méthode sûre et efficace. Si les élèves ont travaillé en pure perte, s'ils ont dépensé sans profit un travail pénible, c'est qu'ils ont suivi une mauvaise voie. Le remède au mal, c'est l'introduction du LANGAGE VOCAL dans les classes. Il faut de toute nécessité remplacer dans l'école l'exercice général de l'écriture par l'exercice général de la parole. Cette substitution s'impose.

La faiblesse apparente de l'enfant ne doit pas nous faire oublier sa dignité réelle. Chacun de ces petits êtres renferme en soi l'homme dans son entier développement. S'il n'est encore que simple spectateur assistant avec indifférence au spectacle des vicissitudes humaines, un jour viendra qui n'est pas loin, où il prendra un rôle plus actif et descendra, lui aussi, dans cette arène redoutable de la société où il verra s'agiter la vie et se jouer la destinée de tout un peuple et de tout un siècle. Alors il se fera acteur à son tour pour apporter à l'œuvre générale sa part d'efforts et de résultats. Homme, citoyen, chef de famille, tous ces titres seront bientôt les siens ; il les possède même déjà en germe et en espérance. Ne nous laissons jamais aller à dire avec l'accent du dédain : « *Ce n'est qu'un enfant* » ; sachons plutôt découvrir sous le voile de sa faiblesse présente l'imposante majesté de son avenir, et que l'école pour lui soit toujours une préparation à la vie complète. Le but de l'éducation doit donc être de préparer le libre développement de la raison, de mettre de bonne heure l'esprit en liberté, d'affranchir la volonté, d'ouvrir l'intelligence et de fortifier l'énergie morale.

Montaigne l'avait bien compris quand il écrivait :

« Je ne veux pas que le gouverneur invente et parle seul ; je veux qu'il écoute son disciple parler à son tour. Il est bon qu'il le fasse *trotter* devant lui pour juger de son train. »

La méthode suggestive par sa marche analytique

et synthétique oblige l'enfant à la réflexion personnelle; et par la reproduction verbale, elle laisse l'esprit se mouvoir à sa guise dans le cadre qu'il s'est tracé.

Recourons à un exemple, et pour éviter toute explication nouvelle, reprenons la leçon d'histoire qui nous a servi précédemment, le commencement du règne de Louis XIII.

Ainsi qu'on l'a vu, l'élève a jalonné sa route par l'analyse et la classification; il a formé un tableau suggestif qui lui permet de distinguer nettement chaque notion, d'en percevoir la valeur et de saisir les rapports qui les unissent toutes.

Voici d'ailleurs la reproduction de ce tableau :

Règne de Louis XIII.

AVÈNEMENT	1610. Henri IV.
MINORITÉ	9 ans. Incapacité de gouverner.
RÉGENCE	La reine-mère. — Usage. — Exemples. Sanction légale. Sommation du duc d'Epernon. — Son geste; ses paroles.

Quoi de plus facile alors que de développer par la parole et d'animer à son tour de sa propre voix l'enseignement du maître ? Qu'importe pour lui le questionnaire? Les idées qu'il a coordonnées, ne les suit-il pas par la pensée? Bien plus, il les saisit à la fois dans l'ordre successif et dans l'ordre simultané, il les distingue les unes des autres et les rattache les unes aux autres; il les détaille, les explique, cite les exemples, rien ne lui échappe. En un mot, il parle et il s'écoute, devient son propre juge, tandis que le maître se borne à une intervention discrète, prêtant une oreille attentive à la diction de l'élève, pour la surveiller et la rectifier au besoin.

Transportons-nous par la pensée dans une école, et figurons-nous assister à un exercice de reproduction verbale par un élève sur la leçon dont nous avons tracé plus haut le tableau suggestif.

La première fois, l'enfant éprouve quelque émotion; il est timide, embarrassé, hésitant; mais il ne tarde pas à reprendre son assurance, car il sait pertinemment qu'il a trois idées principales à développer. Les trois mots suggestifs qu'il a transcrits sur son cahier et qu'il a sous les yeux sont autant de points de repère qui servent à les lui rappeler et à les rendre présentes à son esprit.

Il voit aussi que la première idée principale AVÈNEMENT comporte deux idées secondaires : la *date* et la *désignation* du feu roi; que la seconde idée principale MINORITÉ en comporte également deux : l'*âge* du nouveau roi et son *incapacité* de gouverner; enfin, que la troisième idée principale RÉGENCE en comporte trois : l'*usage* de désigner la reine-mère quand elle est vivante, la *sanction légale* du parlement, et la *sommation menaçante* du duc d'Epernon, avec les idées accessoires : *son geste*; *ses paroles*.

Il commence donc son récit dans un langage naïf, vulgaire, trivial peut-être, souvent très incorrect. Il dira par exemple : « LOUIS XIII FUT ROI EN 1610. » Ici le maître intervient et lui fait observer devant toute la classe qui en profite qu'il vaudrait mieux remplacer l'expression *fut roi* par cette autre : *monta sur le trône*. L'enfant tient compte de cette observation et reprend : « LOUIS XIII MONTA SUR LE TRONE EN 1610; » puis il ajoute la seconde idée secondaire : « IL SUCCÉDA A HENRI IV; » s'il s'arrête là, le maître l'invitera à fournir quelques détails complémentaires de cette idée, tels qu'il a dû les donner lui-même dans l'exposition orale qui a précédé.

Dans la transmission des couronnes il n'est pas indifférent de savoir si le nouveau roi est fils, petit-fils, ou simplement frère ou neveu du roi précédent; s'il y a substitution de dynastie ou changement de race. Il est bon aussi de connaître si l'avènement du nouveau roi a lieu par suite d'une révolution ou seulement par la mort du roi précédent; si cette mort a été naturelle ou violente, si elle a été le résultat d'un attentat, par qui il a été commis, comment, dans quel endroit, en un mot toutes les circonstances de temps, de lieu, de manière, qui se rattachent au fait principal.

Tous les détails relatifs au meurtre du feu roi et qui ont fait l'objet de la leçon se présentent d'eux-mêmes à l'esprit de l'élève à l'appel de ce seul mot: HENRI IV, sans qu'il soit nécessaire d'y rien ajouter dans le tableau suggestif. Il serait plus simple alors de copier textuellement un livre d'histoire, ou mieux encore de ne rien transcrire et de lire le texte même du livre : tout le bénéfice du procédé suggestif aurait disparu.

Si donc une fois, deux fois, l'enfant omet dans sa reproduction verbale les détails relatifs à un fait, le maître l'invitera à consulter sa mémoire et à reproduire tous ses souvenirs. Après quelques essais, l'enfant se familiarisera avec ce genre d'exercice ; aucun détail, aucune circonstance, ne sera plus alors l'objet d'un oubli ou d'une omission.

Ainsi, avec trois signes seulement : AVÉNEMENT, 1610, HENRI IV, et en tenant compte des observations du maître, l'élève pourra constituer lui-même le développement de la première idée principale, et la formuler à peu près correctement de la manière suivante : « LOUIS XIII MONTA SUR LE TRONE EN 1610. IL SUCCÉDA A SON PÈRE HENRI IV QUI AVAIT ÉTÉ ASSASSINÉ PAR RAVAILLAC DANS LA RUE DE LA FERRONNERIE. »

On procèdera de la même façon pour le développement oral de la seconde idée principale : MINORITÉ.

L'enfant dira avec son inexpérience de langage : « IL AVAIT 9 ANS ; IL NE POUVAIT RÉGNER ; ON FIT UNE RÉGENCE, ON LA DONNA A SA MÈRE. » Alors le maître fera remarquer que le mot *régner* est impropre ; le jeune roi régnait, mais ne pouvait gouverner. On ne dit pas non plus : *faire une régence*, mais *confier la régence*. Il sera bon aussi de faire ajouter le nom de la reine-mère que l'enfant doit avoir retenu. Enfin on lui apprendra à faire mieux ressortir l'insuffisance de l'âge par l'expression *ne... que*; il *n'avait que* 9 ans; on lui montrera aussi que l'institution de la régence est une conséquence de la jeunesse du roi; c'est à cause de son bas âge qu'elle a lieu.

L'élève sera porté à rectifier sa phrase de la manière suivante : « LA RÉGENCE FUT CONFIÉE A SA MÈRE MARIE DE MÉDICIS, PARCE QU'IL N'AVAIT QUE 9 ANS, ET PARCE QU'IL ÉTAIT INCAPABLE DE GOUVERNER. »

Cette forme appellera encore de nouvelles critiques de la part du maître. Il fera remarquer qu'il vaut mieux placer les deux propositions subordonnées avant la proposition principale, et remplacer la conjonction *parce que* par la conjonction *comme*.

Conformément à ces indications, l'enfant reprendra : « COMME IL N'AVAIT QUE 9 ANS, ET COMME IL ÉTAIT INCAPABLE.... » etc.; alors on attirera son attention sur cette règle : *quand deux propositions subordonnées dépendent d'une même conjonction, au lieu de répéter deux fois cette même conjonction, on la remplace par « QUE » dans le second cas. Ainsi au lieu de dire : comme il n'avait que 9 ans et comme il était incapable....* etc., on dira :

comme il n'avait que 9 ans et QU'*il était incapable de gouverner, la régence fut confiée à la reine-mère Marie de Médicis* [1].

Le développement de la troisième idée principale RÉGENCE comprend trois idées secondaires : *l'usage, la sanction légale du parlement, la sommation du duc d'Epernon,* et quelques idées accessoires : *les exemples; les paroles et le geste* du duc d'Epernon. A l'aide des signes suggestifs, l'élève se rappellera que la reine-mère obtenait ordinairement la régence en vertu d'un usage et non d'un droit; il donnera comme exemples Blanche de Castille sous saint Louis, et Catherine de Médicis sous Charles IX. Il devra se rappeler pourquoi la reine-mère désirait

---

1. Dans les rectifications de la reproduction verbale de l'élève par le maître, il y a un écueil sérieux à éviter. Il ne faudrait pas trop mêler une science à une autre, par exemple la grammaire à l'histoire, dans le même cours, et les digressions qui se présentent naturellement ne doivent jamais absorber le cours lui-même. Rectifier les phrases incorrectes de l'élève est chose nécessaire, mais dans une certaine mesure, car il serait inutile et même déplacé dans un cours d'histoire de s'étendre sur les règles de la grammaire. *Non est hic locus.* Si nous avons nous-même fait usage ici du procédé que nous condamnons, c'est précisément pour saisir l'occasion d'en signaler l'abus, et pour bien faire comprendre qu'il s'agit d'un rappel bref, rapide, succinct des règles violées et non d'une nouvelle explication de ces règles.

la sanction légale du parlement et comment elle l'obtint. Il citera, à ce propos, le geste et les paroles du duc d'Epernon.

La reproduction verbale de chaque leçon faite par l'élève, surveillée et rectifiée par les explications du maître est sans contredit l'exercice le plus attrayant et le plus salutaire de tous. Fait sous forme de conversation familière dans les petites classes, sur un ton plus grave et plus suivi avec les grands élèves, il appelle une foule de commen‑taires intéressants et instructifs, et donne lieu à de nombreuses définitions de termes obscurs; car on ne saurait se servir des mots AVÈNEMENT, MINORITÉ, RÉGENCE, SANCTION, SOMMATION, etc., sans en expliquer le sens. Il habitue aussi les élèves à la propriété de l'expression, aux heureuses alliances de mots, au choix des termes, à la correction et à l'élégance du langage. La pensée elle-même jaillit plus nette, plus vive; car la parole met en mou‑vement toutes les forces de l'intelligence; elle anime l'idée et la rend plus saisissante, de telle sorte que par la pratique habituelle du langage vocal, l'enfant acquiert beaucoup de vivacité et de précision dans le jeu de ses facultés, et une grande facilité d'élocution.

A première vue, ce genre d'exercice fréquemment interrompu par les observations et les critiques du maître peut paraître long et de nature
à occasionner une perte de temps pour les élèves.
Eh quoi! le temps consacré à l'amélioration du
langage, au talent de la parole, à un art d'une si
haute importance, des esprits sérieux pourraient-ils
le considérer comme perdu ? D'ailleurs ces exercices n'exigent pas autant de temps qu'on serait
tenté de le croire. Aussi rapide que la pensée, la
parole jaillit en un clin d'œil, et pour exécuter en
classe le travail de reproduction verbale que nous
venons d'indiquer, il faut moins de temps qu'on
n'en a mis pour le lire, car alors toutes les explications relatives au mode de procéder disparaissent.
Encore faut-il ne pas perdre de vue qu'il s'agit ici
d'un début, d'un premier essai, de l'instant où les
enfants sont encore tout à fait inexpérimentés.
Qui ne voit qu'à la suite de chaque séance cet
exercice leur deviendra de plus en plus familier,
qu'ils prendront peu à peu l'habitude de ne rien
omettre d'essentiel, de donner à leur langage plus
de précision, de correction et d'élégance, et
qu'alors l'intervention du maître sera de moins en
moins nécessaire, de plus en plus rare.

La reproduction verbale faite après chaque leçon, tantôt par un élève, tantôt par un autre, doit avoir lieu non seulement pour l'histoire ou pour telle ou telle branche de l'enseignement, mais pour toutes les matières indistinctement. C'est la mise en vigueur de ce grand précepte pédagogique : « TOUTES LES MATIÈRES DE L'ENSEIGNEMENT DOIVENT CONCOURIR D'UNE MANIÈRE PRATIQUE A L'ÉTUDE DE LA LANGUE NATIONALE. »

Nos pédagogues envoyés aux Etats-Unis ont été frappés de la facilité avec laquelle les élèves américains manient la langue maternelle. Cela tient sans doute aux exercices de langage vocal qui sont en permanence dans l'école. Car l'école aux Etats-Unis est avant tout pour l'enfant le lieu par excellence où il complète et perfectionne, sous l'œil du maître, l'enseignement vivant reçu dans la famille. Le langage vocal, en effet, ne s'acquiert que par la pratique; on ne parle bien que parce qu'on a contracté de bonne heure l'habitude de bien parler. Aussi n'est-il pas rare de rencontrer des gens même illettrés qui, sous l'influence du milieu où ils ont vécu, ont une élocution nette et aisée, alors que des hommes d'une valeur réelle, d'une érudition solide, sont incapables de prononcer la moindre allocution et de tenir dans la conversation le rang qui est dû à leur mérite.

On ne saurait trop insister sur la nécessité d'exercer, dès leur bas âge, les enfants à la parole. Y a-t-il rien de plus intéressant, de plus fécond, de plus salutaire que cet exercice ? Comment rendre la physionomie d'une école où tous les élèves d'une même classe écoutent attentivement, sous le regard du maître, une leçon reproduite à haute voix par l'un d'eux ; épiant ses fautes pour les éviter quand viendra leur tour ; recueillant, pour en faire leur profit, toutes les observations du maître ; brûlant de remplacer leur camarade embarrassé, quand ils croient pouvoir s'en tirer mieux que lui ? Quel entrain, quelle animation, quelle ardeur ! Ce n'est pas une leçon morte, mais une leçon vivante. Rien n'est plus propre à provoquer l'expansion de toutes les énergies, à étendre le cercle des idées, à exciter la curiosité et le goût de la réflexion, à développer l'habitude du travail, à accroître les aptitudes. Le talent de la parole, en un mot, donne aux esprits un ressort qui leur constitue pour l'avenir un avantage décisif dans toutes les situations de la vie.

L'exercice du langage vocal est, en outre, un

excellent moyen de préparation au style et à la composition française. Dans l'enseignement secondaire, les élèves d'humanités dont les facultés ont été fortifiées par l'étude des chefs-d'œuvre de l'antiquité, formés d'ailleurs par des professeurs habiles, manient assez bien la langue et savent encore la plier aux exigences de leur pensée. Mais dans les écoles primaires, chez les garçons surtout, le devoir de style est pour les élèves 'un véritable cauchemar. Même aux examens du brevet de capacité, les commissions constatent chaque fois la faiblesse générale des candidats en composition française. Avec le système d'instruction établi dans les écoles, les élèves peuvent encore acquérir des connaissances assez étendues en grammaire, en histoire, en mathématiques, en sciences physiques et naturelles; mais la plupart restent inhabiles à penser et à écrire. S'il se rencontre par hasard un enfant qui sache donner à ses pensées une forme agréable et correcte par la parole ou par le style, il le doit en général plutôt aux habitudes contractées dans la famille qu'aux exercices de l'école. En pourrait-il être autrement? Il n'y a rien à attendre de ces esprits lents et serviles, toujours tenus en lisière, qui n'ont jamais volé de

leurs propres ailes ; tout serait à espérer au contraire
d'une intelligence émancipée, qui serait initiée de
bonne heure à la pratique incessante du langage
vocal. Quels services ne rendrait pas aux généra-
tions futures l'introduction et l'usage permanent
de cet exercice dans les classes ? Par là s'amasserait
lentement dans les intelligences la sève robuste et
féconde d'où éclôt le génie, et qui produit les
grands orateurs, les grands philosophes, les grands
historiens et les grands poètes.

ABOLITION DU SURMENAGE

CHAPITRE II

Abolition du surmenage.

C'est un fait acquis par l'expérience et dont il est facile de se rendre compte, que l'usage permanent du langage vocal permet de soumettre en moyenne, dans toutes les matières de l'enseignement, cinq exercices différents à la forme verbale, pendant le temps consacré d'ordinaire à un seul exercice écrit.

Si donc sur six devoirs dont l'application se fait habituellement par l'écriture dans les écoles primaires, l'élève en traite désormais cinq verbalement et seulement un par écrit, il y gagnera plus des deux tiers du temps employé à l'étude des programmes officiels, ou mieux pourra pendant le même temps se mouvoir dans un programme trois fois plus étendu. Les devoirs écrits réduits à cette proportion seraient encore suffisants pour permettre aux enfants d'apprendre en sept années d'études l'écriture de la langue et ses difficultés orthographiques, surtout si l'Académie française se décidait sur cette dernière question à entrer résolument dans la voie d'une sage et judicieuse réforme [1].

En supposant que les programmes soient maintenus tels qu'ils existent, les deux tiers du temps supplémentaire conquis par l'exercice verbal pourront être employés utilement à l'éducation morale et physique.

« L'éducation est une préparation à la vie complète, » dit Herbert Spencer.

Son rôle ne se borne pas seulement à donner aux enfants une forte culture intellectuelle, mais encore à former en eux l'être moral et libre, c'est-

1. M. Gréard, dans un rapport adressé récemment à l'Académie française, vient de prendre l'initiative de cette réforme. Nous en sommes bien un peu partisans, dans une certaine mesure toutefois, à condition que cette réforme soit sage et judicieuse. Nous savons bien que dans certaines langues, la langue espagnole par exemple, toutes les lettres ont une valeur particulière qui se fait toujours sentir dans la prononciation. Il en résulte que dès qu'un enfant sait lire, il sait par cela même écrire tous les mots ; et les exercices orthographiques auxquels on consacre de si longues heures en France sont là-bas complètement inconnus : le besoin ne s'en faisant pas sentir. Mais serait-il possible de simplifier à ce point et sans danger pour l'intelligence, nos difficultés grammaticales et orthographiques ? La langue espagnole parle surtout à l'oreille ; la langue française ne

à-dire un cœur, une volonté, une conscience. Or le cœur, la volonté, la conscience se développent plus à l'aise dans un corps assoupli et fortifié par les exercices physiques : MENS SANA IN CORPORE SANO, telle est sa devise.

Rabelais et Montaigne, dont les doctrines pédagogiques semblent si différentes au premier abord, sont néanmoins d'accord sur la nécessité de développer à la fois les facultés physiques, intellectuelles et morales.

Un philosophe américain, Horace Mann, dans une page éloquente, a fortement distingué les trois parties essentielles de l'éducation.

parle pas seulement à l'oreille, elle parle à l'œil ; c'est une langue qui *peint*. Telle lettre disparaissant d'un mot lui enlèverait sa couleur. Certaines modifications de la grammaire rendraient impossible l'analyse de la phrase, et par conséquent l'analyse de la pensée. La méthode suggestive y perdrait un de ses puissants moyens, cette décomposition analytique des notions qui permet de les saisir et de les reconstituer dans une vue d'ensemble. Elle perdrait aussi à une réforme trop étendue l'expression énergique de son mot SUGGESTIF, du terme qui provoque la sensation de l'œil. D'autre part, ou bien il serait permis d'écrire comme on parle, alors la langue deviendrait inintelligible ; ou bien la réforme consacrerait d'autres règles, alors d'autres difficultés remplaceraient les difficultés disparues. Autant de considérations qui nous engagent à la circonspection.

« Par éducation j'entends beaucoup plus que la faculté de lire, écrire et compter. Je comprends sous ce noble titre les exercices physiques qui ont pour objet de dresser le corps, qui en accroissent la vigueur et l'énergie, le mettent à l'abri de la maladie, lui fournissent les moyens d'exercer une action en quelque sorte créatrice sur les substances vierges de la nature, de transformer un désert en champs cultivés, les forêts en vaisseaux, les carrières et les marnières en villages et en cités. J'entends également par éducation la culture de l'intelligence, grâce à laquelle il nous est donné de découvrir les lois augustes et permanentes qui régissent l'univers créé, soit dans l'ordre matériel, soit dans l'ordre moral. L'éducation enfin consiste dans le développement des sentiments moraux et religieux qui, avec l'aide de la nature et de la Providence, nous amènent à soumettre nos appétits, nos penchants, nos désirs, à la volonté suprême. »

Le temps économisé sur les travaux purement intellectuels, par l'introduction en classe des exercices de forme verbale permettra aux maîtres de ne plus sacrifier le corps à l'intelligence, et de se consacrer avec un soin égal à ces trois parties de l'éducation.

D'autre part, la participation active des élèves dans l'exercice de la reproduction verbale simplifie et allège considérablement la tâche du professeur. On ne saurait s'imaginer, en effet, quel surcroît de fatigue ajoutent au dur labeur du maître la passivité, l'inertie, l'indifférence qu'il rencontre trop souvent dans son auditoire. Rien au contraire n'apporte plus de soulagement aux pénibles fonctions de l'enseignement que la spontanéité de l'effort chez un écolier qui se prête de lui-même à la leçon et suit avec une attention soutenue la parole du maître, qu'il sera appelé à reproduire un instant après. Cette collaboration mutuelle stimule une ardeur réciproque et communique à l'enseignement une chaleur, un feu qui l'anime et le vivifie. Elle contribue en outre puissamment au maintien de l'ordre et de la discipline. Car pourquoi certains élèves sont-ils légers, remuants, indisciplinés ? C'est que leur attention n'est pas suffisamment excitée ; ils assistent passivement à la leçon et s'en fatiguent bien vite : de là ces distractions, ces causeries, puis ces admonestations, ces rappels à l'ordre, ces réprimandes ou ces punitions qui interrompent la marche des cours et portent à l'enseignement un véritable préjudice.

En serait-il ainsi si l'attention des élèves était constamment tenue en éveil par l'emploi des moyens suggestifs ? N'est-il pas évident que l'effort volontaire, l'activité habituelle de l'élève aurait pour premier et inévitable effet de supprimer toute cause de désordre ou de distraction dans les classes, et de rendre l'enseignement utile et profitable à tous.

Un autre avantage de la substitution du langage vocal à l'exercice presque général de l'écriture sera de faire disparaître à jamais le SURMENAGE dans les écoles; le surmenage qui épuise les forces de l'enfant, le décourage, le rebute et finit par lui faire prendre le travail en aversion.

L'Académie de médecine a élevé la voix pour dénoncer le mal qui a ému la France entière, et les instituteurs réunis en congrès national ont confirmé les justes alarmes de la docte assemblée.

Qu'a-t-on fait alors? Quel remède a-t-on apporté? On a remanié les programmes sous prétexte de les alléger; le surmenage existe toujours. On a modifié les horaires classiques, le surmenage n'en a pas reçu la moindre atteinte. On a diminué le nombre et la longueur des exercices de mémoire; le surmenage ne s'en porte que mieux. C'est que le mal ne réside ni dans la diversité, ni dans l'étendue des programmes officiels, pas plus que dans les horaires des classes. Il est tout entier dans la méthode elle-même.

En effet, l'enseignement presque exclusivement oral, si en honneur aujourd'hui, est accablant pour l'élève, accablant par lui-même et par les rédactions et devoirs de toutes sortes qui en sont la conséquence.

L'état de passivité dans lequel cet enseignement laisse les élèves produit à la longue la fatigue, le dégoût et l'ennui. Les professeurs de l'enseignement secondaire, en particulier, ont quelque tendance à donner à leur classse la solennité d'un cours de faculté. Ils aiment à déployer leur talent et leur érudition devant un auditoire un instant émerveillé, mais dont l'attention se lasse vite. L'élève ne tarde pas à devenir insensible aux séductions du langage, il entend sans écouter, ou il écoute sans comprendre. D'un cours débité d'un bout à l'autre d'une façon magistrale, il ne suit pas toujours le fil; il s'en désintéresse alors, abdique sa personnalité et perd la curiosité, l'amour de la réflexion originale. De là des lacunes, des solutions de continuité, des notions vagues et incomplètes; de là l'oubli.

L'oubli qui engendre chez l'enfant cet état constant de nervosité; l'oubli qui le met aux prises avec des difficultés sans cesse renaissantes, soit pour reproduire la leçon, soit pour en trouver l'application; l'oubli qui le jette dans ces inquiétudes, ces craintes, ces angoisses chaque jour renouvelées et doublement pénibles, s'il redoute les rigueurs ou les exigences parfois excessives du maître; l'oubli, voilà ce que les pédagogues doivent empêcher par tous les moyens en leur pouvoir. Qu'on ne s'y méprenne point, l'enseignement exclusivement oral tend à favoriser les habitudes passives, il produit l'inaction habituelle et engendre la paresse ou la mollesse de l'esprit. L'enseignement n'est efficace qu'autant que l'élève sait l'approprier à lui-même, et cette appropriation ne peut avoir lieu que par l'effort volontaire. A-t-on jamais constaté le moindre surmenage chez l'enfant qui, dès son bas âge, apprend deux et même trois langues sur les genoux de ses gouvernantes? Quel élève de nos écoles pourrait arriver à ce résultat, même au prix du travail le plus opiniâtre? Bien plus, instruit naturellement et comme en se jouant par ses gouvernantes, cet enfant possédera mieux et conservera plus longtemps ses deux ou trois idiomes que l'écolier qui aura pâli sur ses livres et se sera épuisé en efforts sur son pupitre. S'il n'y a pas absolument effort libre dans le fait d'apprendre une langue étrangère comme on apprend la langue maternelle, du moins y a-t-il spontanéité et assimilation par le langage vocal.

Si l'enseignement purement oral est déjà pour l'élève une cause de surmenage par la passivité dans laquelle il l'entretient, par l'état de fatigue et la nervosité qu'il fait naître en lui, que dirons-nous des exercices écrits qui en sont la conséquence nécessaire ? Autant de leçons dans la journée, autant de rédactions à faire, autant de cahiers à tenir au courant. Notes en classe, devoirs à l'étude, cours du professeur à repasser afin d'être prêt à répondre; pas une minute de repos. Si l'élève n'a pas pris de notes, il apprend sa leçon sur un livre, il copie le cahier de son voisin. C'est un autre genre de surmenage, et de surmenage sans profit. Voyez quel travail est imposé à des jeunes filles de 13 à 14 ans dans les cours complémentaires des écoles de Paris! Indépendamment des 6 heures passées en classe et du temps dépensé à faire deux fois par jour le trajet de la maison paternelle à l'école et *vice versa*, elles ont généralement comme surcroît l'étude des arts d'agrément : musique, piano, dessin, langue vivante, sans parler des leçons à apprendre et des devoirs à faire chez elles pour la classe du lendemain.

Le matin, vers 7 heures et demie, la jeune écolière prend le chemin de la classe pour n'en revenir que le soir à 4 heures et demie les jours ordinaires, à 6 heures les jours où la leçon de langue vivante se fait à l'école. Rentrée à la maison, l'étude des arts d'agrément réclame d'elle un nouveau labeur, c'est la maîtresse de piano qui vient lui donner sa leçon de musique; puis les devoirs et les leçons pour le lendemain viennent s'emparer de tout son temps. En quoi consistent donc ces devoirs? Oyez, bonnes gens! VINGT PAGES d'un cours de physique, de chimie ou d'histoire naturelle à copier sur un cahier de cours rédigé soit par la maîtresse, soit par une élève du cours supérieur. Et l'on exige un travail soigné, une écriture appliquée, avec figures, avec titres et sous-titres en ronde ou en bâtarde. A peine arrivée à la maison, la pauvre enfant ne se donne pas le temps de respirer, vite au travail. Elle n'interrompt sa tâche qu'à l'heure des repas; sa nourriture prise à la hâte, elle s'y remet aussitôt jusqu'à dix ou onze heures du soir. Le lendemain elle se lève à cinq heures pour faire encore deux heures de copie à la lumière avant de partir en classe. Malgré sa bonne volonté, malgré le secours de sa mère qui, afin de lui faire gagner du temps, a pris la peine de lui dicter son cours, elle n'a réussi qu'à en écrire 15 pages. Elle pleure, elle se désole ; soucieuse et inquiète, elle se présente devant la maîtresse dont elle redoute les réprimandes et les reproches. Elle ne commmence à se rassurer que lorsqu'elle apprend qu'aucune de ses compagnes n'a pu terminer la tâche.

Le remède à cet état de choses, nous le trouvons dans la mode suggestif qui supprime le travail incomplet et fastidieux des notes étendues en éveillant l'activité de l'esprit ; dans le langage vocal dont la permanence permet de substituer dans les exercices d'application, la forme verbale à l'écriture, et fournit à la mémoire des jalons par lesquels elle peut sans fatigue retrouver et classer ses notions.

Il n'est pas jusqu'à la manière d'apprendre les leçons qui ne soit une cause de surmenage, lorsqu'elle entretient les habitudes passives. Voyez ce jeune écolier apprenant par cœur une page de grammaire ou d'histoire. Il est là, les coudes appuyés sur son pupitre, la tête entre ses deux mains, son livre ouvert devant lui. Sans réfléchir, sans peser ni comparer les idées, parfois même sans bien comprendre, il répète machinalement dix fois, vingt fois sa leçon; il se torture pour la faire entrer de force dans son esprit. S'il y réussit, ce n'est là qu'un pur effort de mémoire où les sens seuls sont en jeu, mais dont la pensée est absente. Cela est si vrai que la plupart de ces enfants ne peuvent même pas se contenter de suivre le livre des yeux, il faut encore que, par un mouvement machinal des lèvres, ils répètent à demi voix tous les mots du texte.

Guerre à outrance à ce mécanisme aveugle et stérile, qui ne loge dans les têtes que des phrases toutes faites et point d'idées; qui, loin de retenir l'attention, la fatigue et la surmène; qui rend inutiles les efforts de l'élève, qui brise et comprime les ressorts intérieurs de la pensée et étouffe l'élément vital de l'intelligence! Ce n'est pas en contrariant l'évolution naturelle de l'esprit qu'on arrive à de bons résultats, c'est en la favorisant au contraire. Nous comparerions volontiers les facultés de l'enfant à ces fleurs tendres et délicates, prêtes à éclore et à s'épanouir aux tièdes haleines du zéphir et sous les rayons vivifiants du soleil. Entretenues et cultivées avec soin, elles entr'ouvrent leurs corolles et déploient avec éclat les plus riches couleurs; soumises à une culture forcée, elles s'étiolent, languissent et s'affaissent.

N'astreignons pas les jeunes intelligences à un effort ingrat et pénible. La nature a déposé dans toutes un principe d'activité et de vie qui n'attend que l'occasion favorable pour se révéler et porter ses fruits ; sachons lui fournir une excitation appropriée, favorisons son développement naturel de façon à en accroître l'énergie et la vigueur.

Ainsi, sauf les cas particuliers dont nous avons parlé au principe d'habitude, plus de leçons à apprendre *mot à mot*, plus de travail machinal et routinier ; des idées, et non des mots, voilà ce qu'il importe de retenir de l'étude des leçons. Avant de s'y livrer, l'élève devra bien se pénétrer de la nature du sujet, de la valeur des idées et de leur enchaînement. S'il est trop inexpérimenté pour exécuter de lui-même ce travail d'analyse, le maître ne lui donnera à étudier que des leçons expliquées et commentées à l'avance. Le tableau suggestif lui fournira en outre les jalons au moyen desquels il pourra retrouver sans peine et suivre logiquement l'ordre des notions.

Alors, abandonné à lui-même, l'enfant classera les idées par la réflexion mentale, il verra qu'elles sont soumises soit à l'ordre logique, comme dans un traité ou une dissertation, soit à l'ordre historique, comme dans les récits, dans les narrations de faits réels ou de pure imagination. Il saisira l'importance de chacune d'elles et sèmera dans son esprit des germes féconds et vivaces qui fortifieront et enrichiront ses diverses facultés, à sa propre satisfaction; à celle de ses parents et à celle de ses maîtres. C'est en effet la meilleure manière de laisser dans l'esprit des impressions profondes et de produire des effets durables, sans surmenage.

ESSOR DONNÉ A TOUTES LES FACULTÉS

CHAPITRE III

Essor donné à toutes les facultés.

On sait déjà quelle influence l'habitude, cette seconde nature, exerce sur les sens extérieurs, en rendant certains actes tellement faciles qu'ils semblent instinctifs et spontanés. C'est ainsi qu'un homme lève le pied, de la chaussée au trottoir de la rue, sans s'en apercevoir, que le pianiste rencontre la touche sans y penser. Cette influence n'est pas moindre sur notre esprit. L'activité intellectuelle fréquemment sollicitée et entretenue finit par entrer d'elle-même en exercice et cède en quelque sorte à une impulsion naturelle et irrésistible qui lui fait accomplir un grand nombre d'actes nouveaux, dus à sa propre conception.

En effet, le mode suggestif, en substituant aux procédés de l'enseignement mécanique et de l'éducation passive, l'activité naturelle de l'enfant, lui fait acquérir une qualité précieuse, l'effort libre et spontané de l'esprit. L'exercice habituel de l'énergie mentale engendre la réflexion personnelle, et toutes les facultés prenant un libre essor se livrent sans entraves aux opérations les plus variées et les plus complexes. A force de remonter sans cesse du signe de l'idée à toute une série d'autres idées qui en dépendent, la pensée, en présence des notions acquises, se porte d'elle-même vers d'autres notions ; elle tend à agir et à se développer de plus en plus. Souvent même un rapport éloigné, une allusion détournée suffisent pour provoquer le réveil soudain d'autres idées qui paraissaient étrangères à la notion génératrice : de là naissent une foule de conceptions nouvelles, émanant d'actes spontanés de l'intelligence. Ainsi, l'existence des objets qui correspondent à nos connaissances appelle et entraîne la notion de leur nombre, de leurs attributs, de leur nature, de leurs relations, et suggère à l'esprit toute une série de conceptions qui naissent, comme par enchantement, d'une conception unique et primordiale. L'usage du mode suggestif exerce donc un empire secret et continuel sur toutes les facultés de l'intelligence. On a vu jusqu'ici qu'il sollicite l'attention, habitue l'esprit à la comparaison et à l'association des idées, fortifie le jugement, alimente l'imagination représentative et fixe définitivement les notions dans la mémoire.

Voilà son action et ses conséquences directes. Voici maintenant ses résultats médiats.

Arrivé à ce point, l'enfant finit et le jeune homme commence. Celui-ci trouve dans les impressions que son cerveau a reçues comme un nouveau point d'appui pour s'élever plus haut. Son intelligence mûrie par des connaissances bien assimilées, grâce à une pratique raisonnée de la loi d'habitude, s'exerce sur les acquisitions que l'enseignement lui a fournies comme dans un vaste champ d'exploration où toutes ses autres facultés vont se donner libre carrière. Alors ses actes intellectuels ne proviennent plus des faits ni des impressions du dehors, ils résident dans sa puissance d'invention et de combinaison, ils appartiennent au sujet qui les élabore lui-même.

L'imagination entre la première en lice et puise à sa fantaisie dans l'arsenal de nos perceptions pour en faire la source de ses fictions. Car cette faculté, malgré le titre qu'on se plaît à lui donner, n'est jamais absolument créatrice. Profitant des matériaux fournis par la mémoire, elle se borne à combiner les idées dans des rapports nouveaux, mais elle compose toujours ses tableaux de formes et de couleurs empruntées au monde réel. Si les notions sur lesquelles elle s'appuie sont du ressort de notre méthode, elle peut faire revivre pour notre esprit des objets éloignés et dont la réalité n'est pas à notre portée. Le souvenir d'une bataille, par exemple, en laissant de côté les circonstances de temps et de lieu, nous permet d'embrasser d'un seul coup d'œil toutes les péripéties de ces faits historiques qui se présentent si souvent dans les annales de l'humanité. Il suffit d'un simple effort d'imagination, et nos souvenirs qui sont très riches, nos connaissances qui sont très variées, nos impressions qui témoignent de la puissance de notre sensibilité, nous fournissent sans peine tous les éléments de ces grands drames que les historiens transmettent à la postérité. Avec la promptitude qui caractérise une intelligence exercée, nous nous représentons l'effectif et le matériel qui composent chacune des deux armées, nous combinons ensemble leurs positions, leurs mouvements, leurs directions, et nous nous faisons une idée des conséquences de cette ordonnance. Il en résulte pour nous une notion très complète et très vraie d'un fait auquel nous n'avons jamais assisté. Mais pour arriver à ce résultat, nous avons été obligés d'imaginer, d'abstraire, de raisonner, de reconstituer.

De même pour admirer et saisir scientifiquement les phénomènes d'un monde éloigné, l'élève sort du cercle trop abstrait et trop incomplet des cartes géographiques, et se procure, dans une certaine mesure et avec l'aide de l'imagination, la sensation des grandes excursions. Cette idée peut s'appliquer encore à une foule d'autres phénomènes dont les types se présentent à lui d'après nature. Il peut, à son gré, se figurer les glaciers et les pics inaccessibles d'une montagne couverte de neige, une moraine, une avalanche, les horreurs d'une tempête, les effets du mirage ou d'une aurore boréale, enfin la splendeur hyperboréenne du soleil de minuit. Du reste, rien n'est plus propre à initier l'élève, le jeune homme aux merveilles de la géographie générale que les livres brillamment illustrés. En multipliant les lithographies et les chromolithographies, on introduit dans l'enseignement par le livre cette éloquence persuasive que l'on appelle l'ACTION.

Si les conceptions se présentent dans des conditions purement abstraites, comme celles qui se rattachent à la morale, à la logique, à la grammaire, à la philosophie, nous nous livrons à un travail d'intelligence où l'imagination n'a plus rien à voir et dans lequel la faculté d'abstraire est seule mise en jeu. Nous séparons la justice, la bonté de l'homme juste et de l'homme bon, nous rendons les attributs indépendants des êtres et des objets où ils se trouvent. Nous élevons ainsi ces idées au dessus des individus, de l'espèce, du nombre, de toutes les formes particulières qu'elles peuvent prendre, indépendamment des êtres qui en participent. Parfois encore l'imagination peut intervenir et s'exercer même sur ce genre d'abstractions. La vérité, la justice, l'amour, la sagesse sont autant de notions abstraites, que les artistes et les poètes ont rendues sensibles et palpables, en les revêtant de formes allégoriques et symboliques, en les incarnant sous la figure séduisante de femmes ou d'adolescents.

Les abstractions conduisent naturellement l'esprit aux idées générales qui les résument. Bientôt nous retranchons dans les objets les circonstances individuelles et particulières, dont le détail nombreux obscurcirait la vue, pour n'envisager que les caractères communs au genre ou à l'espèce. Nos idées, ramenées aux rapports généraux qu'elles contiennent, ne s'étendent plus seulement à un être ou à un fait déterminé; mais à tous les êtres, à tous les faits de même nature, réels ou possibles; passés, présents, ou à venir : c'est la généralisation.

L'abstraction et la généralisation ne portent que sur des idées ou des conceptions.

Bientôt survient une autre opération de l'intelligence d'une haute valeur et d'une immense portée; opération par laquelle l'esprit, franchissant l'horizon borné de l'expérience, s'élance hors du cercle étroit des perceptions des sens et de la conscience pour embrasser les lois générales qui regissent l'univers et constituent la science; c'est le raisonnement. Quand nous raisonnons, notre activité ne se contente plus de remonter d'une notion à une autre; elle s'exerce sur un plus vaste terrain et nous fait saisir un enchaînement logique de plusieurs vérités formant une autre vérité; en d'autres termes, nous opérons sur des jugements comme nous avons opéré jusque-là sur de simples notions.

Raisonner, en effet, c'est découvrir une vérité inconnue au moyen de son rapport avec une vérité connue dans laquelle elle a sa raison; c'est passer du connu à l'inconnu; c'est ramener le second terme au premier; c'est trouver la raison d'une vérité dans une autre et, par là, établir un lien indissoluble entre elles. Le raisonnement est à la fois un signe de grandeur et un signe de faiblesse : un signe de grandeur, si nous nous comparons aux autres êtres de la création dépourvus de ce noble privilège ; un signe de faiblesse, si nous nous comparons à l'intelligence suprême qui n'a pas besoin de passer du connu à l'inconnu pour savoir. Si l'homme n'est *qu'un roseau*, il est au moins *un roseau pensant*.

Nous n'avons pas à nous arrêter ici sur la nature et les diverses formes du raisonnement, nous voulons seulement montrer comment l'usage incessant du mode suggestif cultive et développe chez l'élève le pouvoir de raisonner. Grâce à son initiative personnelle sans cesse mise en jeu, il passe rapidement d'une vérité à une autre vérité. Tous les obstacles disparaissent, toutes les difficultés s'évanouissent. A mesure qu'il avance, l'horizon recule et s'élargit toujours. Une fois qu'il a mis le pied sur cette échelle-là, il ne s'arrête plus ; il gravit la montée infinie, il voit se dresser devant lui l'illimité.

On peut se demander si ce que nous considérons comme une innovation de première valeur dans les études n'est pas déjà en vigueur ; si les anciennes méthodes auxquelles nous reprochons d'assujettir les esprits au mécanisme et à la routine n'ont pas donné leur mesure dans le développement intégral des facultés humaines et si les brillants résultats que nous poursuivons n'ont pas été atteints dans le passé. Combien de sujets distingués, formés par les procédés dont on a conservé l'usage, ont devancé eux-mêmes et sans le secours du maître la découverte dont nous voudrions nous faire gloire. Ils ont su eux-mêmes, et sans autre influence que leur propre conception, se livrer à ce travail d'analyse et de synthèse dont nous paraissons vouloir nous attribuer le monopole.

On croit avoir soulevé là une grosse question. Mais cette objection qui paraît, au premier abord, revêtir un caractère assez sérieux, se trouve résolue et réduite à néant par l'exposé théorique et la mise en pratique de notre méthode. Loin d'infirmer notre manière de voir, elle ne fait que la fortifier.

Ces sujets distingués, formés par l'enseignement tel qu'il existe et tel qu'il est donné actuellement, constituent une catégorie à part et fort restreinte. Leurs dispositions naturelles les ont élevés au dessus de leurs condisciples, ils ne sont qu'une exception. Ces quelques succès clairsemés, au lieu de nous combattre, nous fortifient au contraire, si l'on songe à cette quantité innombrable d'élèves dont les plus belles facultés sont restées engourdies et, pour ainsi dire, à l'état rudimentaire. Dans l'enseignement secondaire, les classes ne se composent-elles pas, en général, d'une assez bonne tête, il est vrai, trop peu nombreuse, hélas! et d'une queue, aux dimensions considérables? Or, ce qui fait le mérite et le triomphe d'un enseignement, ce ne sont pas les rares élites dues à des circonstances particulières, c'est le profit de l'instruction assuré à la masse des écoliers, et ce qui fut dans le passé l'exception et le phénomène doit devenir pour nous le fait normal et régulier; en d'autres termes, le développement intellectuel sera plus général, plus harmonique, plus *intensif*, s'il nous est permis de créer une expression nouvelle qui rend exactement notre pensée.

Ce qui prouve que les cas particuliers qu'on nous signale sont purement fortuits et exceptionnels, c'est que les gens systématiques qui cherchent à s'en prévaloir ne savent pas en discerner la véritable cause. Ceux de leurs élèves qui ont su dégager de leurs études une logique et une notion

complète des choses apprises ne se sont pas conten-
tés d'un effort de mémoire, ni d'une obéissance
machinale aux habitudes passives; autrement ils
auraient suivi, comme tant d'autres, l'ornière de la
routine et auraient laissé leurs facultés s'engourdir
dans l'apathie et la torpeur. C'est, en somme, leur
propre initiative, guidée par une raison lucide et
prompte à concevoir, qui a fait leur réussite.

Aussi est-ce précisément pour réagir contre
l'écueil de la routine que nous cherchons à substituer l'activité personnelle à ce travail ingrat et
stérile qui asservit la mémoire sans aider l'intelligence, et semble donner à une corvée quasi inconsciente la préférence sur un effort volontaire et raisonné. Les bons élèves qu'on nous vantait tout à
l'heure forment une élite que nous voulons rendre
plus nombreuse. S'ils n'ont réussi qu'en faisant
preuve d'initiative sur un terrain où l'initiative
elle-même était soumise à mille entraves, nous
reconnaissons dans ce fait que l'initiative, qui n'était
rien dans l'ancien système, doit être tout dans le
nouveau, absolument comme le tiers état, complètement effacé sous l'ancien régime, est devenu prépondérant dans la France moderne. Notre méthode
ira donc chercher l'initiative où elle existe en

germe, elle secouera son inertie, lui infusera un sang nouveau, et en fera l'élément essentiel de l'enseignement régénéré.

Les jeunes intelligences ainsi disciplinées s'habituent à vivre au milieu des idées et des notions comme dans une sphère qui leur est non seulement familière, mais nécessaire; les en éloigner serait les condamner à un véritable exil. Le besoin de penser s'impose à elles d'une manière si pressante que, si elles en étaient privées, elles tomberaient dans l'atrophie et le dépérissement. En les tenant sans cesse en éveil, on entretient, chez elles, cette habitude de la logique qui forme l'esprit actif. Dans cette gymnastique intellectuelle, l'homme, dès son adolescence, s'habitue également à planer au dessus des réalités. Cette merveilleuse puissance de la pensée, qui n'existe et ne subsiste que par les idées, lui découvre des horizons nouveaux, et ce qui s'est passé à travers les siècles dans l'humanité tout entière, grâce aux natures les plus richement douées et aux hommes de génie produits par toutes les latitudes, se renouvelle en petit et sur une échelle plus modeste dans les jeunes âmes que l'on nourrit chaque jour de vérité. De même qu'il y a un progrès général, universel, qui intéresse le monde tout entier et la société prise comme personne collective, de même il y a un progrès des individus qui doit intéresser l'éducateur en particulier.

La puissance productive de ce progrès consiste dans la faculté de concevoir, par la contemplation des objets extérieurs, les idées qu'ils suggèrent, et les abstractions qui en résultent. A l'enseignement appartient la tâche de tirer de cette faculté toute la fécondité qu'elle renferme.

De proche en proche, l'intelligence s'élève au dessus du terre à terre et s'habitue à saisir la raison pure des choses ; c'est la meilleure préparation aux études philosophiques. Transportée sur les ailes de la pensée, l'âme monte jusqu'aux régions de l'idéal, s'élance dans le domaine de l'infini, de l'universel, de l'immuable et entre en possession de la vérité éternelle, qu'elle contemple face à face. C'est pour elle comme une vision sublime ; c'est cette sphère lumineuse que le poëte de la Lusiade représente au milieu d'un ciel sans nuages, vers la fin du voyage scientifique de Vasco de Gama. De même que Camoëns nous offre cette vision comme le complément poétique des découvertes géographiques de la science moderne, de même notre raison enthousiasmée doit envisager avec ivresse le terme glorieux de notre voyage à travers l'irréel et le possible. La raison pure lui apparaît comme un pays conquis qui ne lui présente plus de secrets ni d'inconnu. Par elle, l'homme approche de la Divinité autant qu'il est possible à la raison humaine d'en approcher et de s'y complaire.

CONCLUSION

En 1877, l'Académie des sciences morales et politiques ouvrit un concours sur l'histoire critique des doctrines de l'éducation en France, depuis le xvie siècle jusqu'à nos jours. Dans son rapport sur ce concours, l'éminent vice-recteur de l'Académie de Paris, M. Gréard, écrivait :

« On se demande quel est le but de l'éducation ; ce but étant défini, quelle est la meilleure méthode à suivre pour l'atteindre, et quels sont les moyens pratiques les mieux appropriés à cette méthode ; on cherche enfin si le système d'instruction traditionnellement établi est le meilleur et le seul qui convienne à l'éducation des sociétés modernes. »

Ce système traditionnellement établi, nous l'avons plusieurs fois dans le cours de cet ouvrage, soumis à un examen critique ; nous l'avons envisagé sous toutes ses faces, au triple point de vue des principes, des modes d'application et des résultats.

Nécessité de recourir à des moyens sensibles de démonstration ; sollicitation de l'activité de l'esprit chez l'élève ; exercice général de la parole en classe ; abolition du surmenage, voilà pour les principes. Ils sont excellents et tous les pédagogues sont unanimes à en reconnaitre et à en proclamer la valeur. Il serait difficile, en effet, d'en adopter de meilleurs.

Si nous considérons les résultats, nous sommes obligés de constater qu'ils sont loin de répondre à l'attente générale. Tout en rendant justice au zèle éclairé, à la haute valeur intellectuelle, au dévouement même du corps enseignant et, malgré les innovations introduites chaque jour dans les méthodes, nous ne pouvons nous empêcher de reconnaitre que les progrès sont lents et médiocres, que les acquisitions manquent de solidité et de consistance. L'enseignement secondaire languit et se meurt ; nous avons entendu maintes fois les professeurs de facultés se plaindre de la faiblesse, de plus en plus accentuée, des candidats aux examens du baccalauréat, et accuser un abaissement progressif dans le niveau des études. Etrange anomalie, en vérité. Si les principes d'éducation les meilleurs et les mieux appropriés ne produisent que des résultats insuffisants, qu'en faut-il conclure, sinon que les modes d'application sont défectueux ? Découvrir la cause du mal, c'est presque y apporter le remède, c'est, du moins, entrer dans la voie des recherches et des essais. Voilà pourquoi nous indiquons un nouveau mode d'enseignement, dont l'application judicieuse et persévérante aura pour effet de faire produire aux principes leur maximum de résultats et d'assurer à l'enseignement son maximum d'efficacité :

« Les méthodes, dit Mme Necker de Saussure, doivent être dans un état perpétuel de perfectionnement. »

La critique, même bienveillante, pourra relever dans cet ouvrage des imperfections et des lacunes. Pour nous, qui n'avons d'autre objet que d'être utile à nos contemporains, nous serons toujours heureux des perfectionnements que le temps et l'expérience apporteront à notre œuvre. Comme dit l'auteur ancien : *Nihil perfectum est dum incipit, et ubi inchoatur...* etc.

TROISIÈME PARTIE

APPLICATIONS

DES TERMES SUGGESTIFS

TROISIÈME PARTIE

APPLICATIONS

CHAPITRE I

Des termes suggestifs.

I. — Définition de ce qu'on appelle « Terme suggestif »

Suggestif est un terme clair et qui, à la rigueur, n'a pas besoin d'être défini, parce que sa signification et sa portée s'imposent nettement à l'esprit. Un mot qui suggère n'est pas celui qui provoque au hasard et passivement une allusion, un rapprochement, une association : toute notion née dans ces conditions cesse de vivre aussitôt; c'est celui qui *par destination et par choix* est appelé à frapper l'attention pour réveiller au moyen d'associations volontaires et de rapprochements réfléchis toutes les idées dont il est comme le foyer et le point de départ ; c'est celui en un mot qui communique à l'intelligence une impulsion nouvelle vers de nouvelles notions en suscitant l'activité.

Il y a deux sortes de mots suggestifs.

1° Ceux qui embrassent le sens complet d'une idée, ou qui circonscrivent toute une série d'idées, comme les termes propres des notions simples[1], les titres des chapitres et des textes, les sous-titres des alinéas ou paragraphes. On pourrait les appeler mots suggestifs de *concentration* ou SYNTHÉTIQUES.

2° Ceux qui, ne représentant qu'une partie de l'idée, suggèrent néanmoins l'idée tout entière, comme le pétale nous rappelle la fleur, comme une plante marine nous fait songer à la mer, à l'océan, à l'immensité. Ces derniers sont des mots suggestifs d'*expansion* ou ANALYTIQUES. Dans cette catégo-

---

1. Les termes suggestifs de notions simples ne renferment d'autre élément que leur seule et unique signification. Selon nous, les termes simples ont par leur nature quelque analogie avec les corps simples que l'on étudie en chimie et en minéralogie. Mais les objets que représentent les termes simples échappant à l'analyse, on ne rencontre aucun de leurs éléments qui puisse être rattaché à une synthèse dont ils seraient le terme général et en même temps le générateur de plusieurs idées. La raison de ce fait, c'est que leur nature les isole, car s'ils étaient eux-mêmes un élément de composition, ils seraient tout à la fois simples et analytiques, ce qui est impossible.

rie sont compris les mots qui désignent simplement la partie d'un tout, le contenant ou le contenu, l'effet ou la cause. La plupart des figures de rhétorique ont en réalité une vertu suggestive.

Le même terme suggestif peut être selon les circonstances tantôt analytique tantôt synthétique. Il est analytique quand sa signification propre a moins d'étendue que l'idée qu'il éveille; il est synthétique quand il résume plusieurs idées de moindre étendue. C'est ce qu'on pourrait appeler encore l'*extension* ou la *compréhension* des termes suggestifs.

Un mot habilement choisi dans une phrase peut toujours en suggérer la portée synthétique et mettre la pensée en mouvement, soit que celle-ci embrassant dans une vue d'ensemble toutes les idées de la phrase, les ramène au point central qui les résume, soit que, partant de ce point même, elle suive dans leurs directions respectives les diverses idées qui s'en dégagent, allant tantôt du complexe à l'incomplexe, tantôt du simple au composé.

Le mouvement de la pensée s'effectue toujours en sens inverse de la nature du terme suggestif. Si le mot suggestif est synthétique, la pensée le décompose en ses parties par l'analyse ; si au contraire il est analytique, la pensée remonte de la partie au tout par la synthèse ; ce qui montre une fois de plus que l'analyse et la synthèse sont inséparables dans la pratique. Il n'y a pas de méthode purement analytique, ni exclusivement synthétique : les deux procédés s'éclairent et se complètent l'un par l'autre, ils marchent toujours de pair et ne peuvent être employés que simultanément.

II. — Choix des termes suggestifs

Le choix des termes suggestifs n'a point de règles fixes et invariables. Peu importe qu'ils soient analytiques ou synthétiques ; l'essentiel est qu'ils donnent le branle à l'activité, qu'ils fassent naître l'effort, grâce auquel les idées acquièrent plus de solidité et de consistance.

D'ailleurs tous les mots suggestifs ne le sont pas toujours au même degré pour chaque esprit ; tel accordera au verbe une vertu suggestive plus grande qu'au substantif, tel autre préférera le substantif au verbe. A vrai dire :

Le verbe est à priori le terme suggestif par excellence ; il existe par lui-même ; il éveille l'idée du sujet qui le précède et du régime qui le suit, bien mieux que le sujet ou le

régime n'éveille l'idée du verbe. Il contient aussi une portion
de sens plus grande et mieux liée aux mots qui en
dépendent. Mais le substantif n'est nullement à rayer du
nombre des mots suggestifs. Il prend sa revanche lorsqu'il
s'agit de définitions techniques spéciales, et c'est à juste
titre que notre choix s'est porté uniquement sur des sub-
stantifs, dans les exercices consacrés à la géographie, à la
grammaire et même à l'histoire [1].

Nul doute qu'il y ait des choix plus ou moins
heureux, et l'on n'est pas toujours sûr d'avoir fait
le meilleur. Mais il n'y a rien d'absolu à cet égard,
et le choix des mots suggestifs est toujours quelque
peu arbitraire.

Le nom, le verbe, l'adjectif, l'adverbe même
peuvent en tenir lieu selon les cas. Au début on
cherchera à se rapprocher le plus possible de la
perfection ; avec le temps et l'habitude, les mots ne
pourront que gagner en netteté et en justesse.

Ce qu'il faut éviter avec soin, c'est d'employer
des expressions défectueuses ou des termes
impropres ; un mot n'est vraiment suggestif qu'à
la condition d'être toujours clair et précis.

On peut aussi ne pas écrire toujours les mots
suggestifs en entier et se contenter souvent d'une

1. Extrait du *deuxième* rapport de M. l'Inspecteur général
à M. le Ministre de l'Instruction publique sur la « Méthode
suggestive ».

abréviation, assez claire toutefois pour ne pas donner prise à l'hésitation ou à l'équivoque. Ainsi au lieu de *Géométrie, Géographie,* on écrira : *Géom., Géog.,* etc. Ce système a l'avantage de lier moins étroitement les idées aux mots qui les représentent et de les faire concevoir indépendamment de leur forme graphique. Il sollicite également un plus grand effort de la pensée.

III. — Manière de trouver les termes suggestifs

Le choix des mots suggestifs doit être fait par les élèves, sous la direction du maître. Mais il est clair que de jeunes enfants de 7 à 8 ans sont encore trop inexpérimentés pour procéder à cet exercice avec fruit. Il y a donc lieu d'opérer de diverses manières selon les diverses catégories d'élèves auxquels on s'adresse, en tenant compte de l'âge, du degré d'instruction et du développement intellectuel.

Les élèves des écoles primaires sont ordinairement répartis en trois divisions : le cours élémentaire, le cours moyen et le cours supérieur.

Dans les petites classes, avant de commencer la leçon, le maître écrit au tableau noir le résumé suggestif de chaque notion principale, les élèves le transcrivent en même temps sur un cahier et écoutent ensuite le développement.

Dans les classes moyennes, le maître ne dicte que les grandes lignes du sujet qu'il va traiter ; il laisse aux élèves le soin de choisir eux-mêmes les autres mots suggestifs et de fixer à leur guise, comme ils l'entendent, leurs points de repère. La leçon terminée, il invite un élève à lire à haute voix son résumé suggestif. Il le rectifie, il en fait une correction judicieuse, non pas en substituant lui-même de meilleurs mots aux mauvais, mais en les faisant chercher par les élèves, en les aidant s'il le faut, discrètement, en les mettant sur la voie par des allusions ; il ne doit se décider à leur donner les termes les plus justes que si leurs recherches n'aboutissent pas à un résultat satisfaisant. Ce résumé rectifié par le maître est corrigé au fur et à mesure de ses observations par tous les élèves de la classe sur le cahier de brouillon. Il sert pour la reproduction verbale immédiate et est ensuite remis au net sur un autre cahier.

Dans les classes supérieures, le maître procède comme dans le cours moyen, seulement il doit avoir peu de corrections à apporter au résumé fait par les élèves, car ceux-ci ont déjà acquis une certaine habitude de l'analyse suggestive. Il pourra même de temps en temps se borner à leur donner le titre de la leçon, et les laisser eux-mêmes trouver les termes suggestifs, qu'il contrôlera ensuite à haute voix devant toute la classe.

IV. — Valeur et portée des termes suggestifs

On comprend qu'un élève qui s'est familiarisé en classe avec l'analyse de toutes les notions soumises à sa réflexion, soit plus apte à juger sainement dans la suite de la valeur d'un ouvrage, d'une conférence ou d'un discours. Instinctivement il fait l'analyse mentale de ce qu'il lit ou de ce qu'il entend, il se rend ainsi un compte plus exact de la valeur des idées et s'en pénètre plus profondément.

Dans les trois cours, après chaque leçon, un élève désigné au hasard par le maître, répète à haute voix la leçon qu'il vient d'entendre, à l'aide du résumé suggestif fait par lui et rectifié par le maître. Pendant qu'il parle, tous les autres écoutent. Il sera très utile aussi de prendre successivement deux ou trois élèves différents pour reproduire la même leçon en demandant une partie à l'un, une partie à l'autre. On évitera de désigner toujours les mêmes élèves. (*Voir langage vocal, p. 143 et suiv.*)

Pendant la classe tous les enfants, les yeux fixés sur leur résumé suggestif, prêtent une oreille attentive au développement fourni par le maître ; ils sont captivés et comme absorbés par la leçon, uniquement préoccupés de la comprendre et de la retenir, chacun d'eux sachant qu'il peut être appelé à la reproduire tout à l'heure. Les élèves les plus âgés, les plus instruits, apportent aussi toute leur attention à la prise des notes suggestives ; il ne leur est plus permis de rester passifs et de regarder en l'air, ils sont obligés de se consacrer tout entiers à la leçon pour choisir les mots les plus justes, les mieux appropriés aux idées qu'ils représentent. Ce système, outre qu'il fixe puissamment l'attention de l'élève et ne lui laisse rien perdre, contribue encore au maintien de l'ordre et de la discipline dans la classe.

V. — Nombre de termes suggestifs correspondant aux notions

On se demande en combien d'idées principales il convient de diviser une idée-mère, et combien chaque idée principale comprend à son tour d'idées secondaires; en d'autres termes quel est le nombre de termes suggestifs destiné à représenter les divisions et subdivisions de l'idée. La réponse est des plus simples. Chaque division ou subdivision devant toujours correspondre à des parties réelles et distinctes, leur nombre dépend de la nature même des sujets que l'on traite. Il n'est permis ni de les multiplier ni de les restreindre à son gré. Ce serait une chimère de compter sur des textes à ce point complaisants qu'ils pussent se plier à des divisions arbitrairement symétriques et calculées d'avance.

Si l'idée générale est une idée simple, elle ne comporte aucune division; telle autre idée, au contraire, peut se décomposer en deux, trois, quatre idées principales, lesquelles à leur tour peuvent se subdiviser en un nombre indéterminé d'idées secondaires, comme aussi n'en admettre qu'une seule et même aucune.

V I. — Disposition des termes suggestifs selon leur valeur

Le mot représentant l'idée maîtresse du fait ou de l'objet à étudier se place en tête; au dessous se

rangent dans le SENS HORIZONTAL les idées principales pouvant se décomposer elles-mêmes en idées
secondaires. Soit par exemple l'étude de l'arbre.

On formera le tableau suivant :

(*Idée-mère*) **L'ARBRE**

IDÉES PRINCIPALES

Tronc	Branches	Racines
Idées secondaires : Ecorce, Bois, Moelle	*Idées secondaires* : Ramifications, Feuilles, Fleurs, Fruits	*Idées secondaires* : Ecorce, Bois, Fonctions
Idées tertiaires, accessoires	*Idées tertiaires, accessoires*	*Idées tertiaires, accessoires*

Au premier coup d'œil l'élève saisit les trois parties principales dont se compose l'arbre : le TRONC, les BRANCHES, les RACINES. Chacune de ces idées principales considérées isolément comprend un certain nombre d'idées secondaires. Dans le TRONC on distingue l'*écorce*, le *bois* et la *moelle*; dans les BRANCHES : les *ramifications*, les *feuilles* et les *fruits*; dans les RACINES : l'*écorce*, le *bois* et les *fonctions*.

Les mots représentant les idées secondaires afférentes à chaque idée principale sont placés en vedette dans le sens vertical au dessous de l'idée principale à laquelle ils correspondent. Enfin, à droite, en face de chaque idée secondaire viennent les idées accessoires qui s'y rattachent.

Cette disposition permet de saisir immédiatement le nombre des divisions naturelles de l'objet et la valeur de chaque idée d'après la place qu'elle occupe; elle a aussi l'avantage de présenter toutes les parties dans l'ordre simultané. Pour rendre les idées plus saisissantes encore, on peut écrire les mots ou abréviations qui représentent les idées en variant la forme et la dimension des caractères. Quoique d'une importance relativement secondaire, ce point n'est pas à dédaigner. Mais ce qui importe beaucoup plus, c'est que ce tableau soit toujours très clair et très net. Nous donnons plus loin comme modèle d'analyse le tableau suggestif complet de la notion : ARBRE.

VII. — Transcription par les élèves des termes suggestifs

Le résumé suggestif d'une notion isolée peut se faire sur un cahier quelconque, voire sur une feuille volante. Mais il est d'une utilité incontestable de réunir proprement sur un même cahier et dans leur suite logique tous les résumés relatifs à un certain ordre de connaissances. Il est donc indispensable que tous les élèves, indépendamment des cahiers de brouillon et de devoirs écrits, en possèdent un spécial pour chaque matière, cahier de grammaire par exemple, cahier d'histoire, cahier de géographie, etc.

Toutefois, dans les classes élémentaires, le même cahier peut servir pour toutes les matières enseignées, un certain nombre de folios étant réservés à chaque branche d'étude. Dans ce cas le cahier suggestif devient pour l'élève le CAHIER UNIQUE, recommandé par tous les pédagogues et qui rend si facile le contrôle des inspecteurs.

DE L'ANALYSE SUGGESTIVE

CHAPITRE II

De l'analyse suggestive.

La représentation de chaque notion par un terme suggestif ramène toujours la question à ses éléments simples; c'est le procédé tant recommandé sous le nom de méthode analytique. L'analyse, en effet, est la source des idées nettes, elle prévient et empêche la confusion : « c'est elle qui fait les esprits justes, » dit Condillac.

C'est encore l'analyse qui forme le goût, car elle préside à la symétrie des objets, à l'harmonie de toutes choses.

L'analyse seule ne suffit pas, nous l'avons dit et répété plusieurs fois, elle a toujours besoin d'être complétée par la synthèse dont elle ne se sépare jamais absolument. Si la perception des détails établit la distinction entre les idées, la vue d'ensemble en fait voir la justesse et l'harmonie. La synthèse seule ne suffit pas non plus; et il n'y a pas de méthode purement synthétique. La synthèse repose toujours sur l'analyse, et l'analyse aboutit toujours à la synthèse. Quel que soit donc le nom par lequel on désigne une méthode, c'est toujours le même chemin à parcourir; il y a toujours emploi simultané des deux procédés. Dans une circonférence, qu'on tourne à droite ou à gauche pour revenir au point de départ, la distance est la même d'un côté comme de l'autre, et il faut toujours passer par les mêmes points.

Les mots suggestifs n'ont de réelle puissance que par le choix personnel de l'élève; pour une raison semblable, l'analyse suggestive ne profite qu'à celui qui la fait lui-même. Les tableaux suggestifs que l'on donne tout tracés, ainsi que les analyses toutes faites, ne doivent servir que comme modèles. Le maître peut guider l'élève, mais non se substituer à lui. Il faut de bonne heure accoutumer les enfants à observer par eux-mêmes.

« Donnons-leur le goût et l'habitude de l'ordre véritable, de l'ordre logique et causal, qui consiste à mettre les choses à leur place et dans leurs vraies relations. » (Henri Marion.)

Toutes les matières d'étude, d'enseignement et

d'explications, objets extérieurs, cours du professeur, textes, pensées, etc., sont du domaine de l'analyse. Les sujets devront toutefois être proportionnés à l'âge et au degré d'instruction des élèves.

I. — Analyse des objets extérieurs

Quand le regard embrasse une vue d'ensemble, il ne saisit pas immédiatement les détails. Il faut un œil exercé comme celui du peintre ou du naturaliste pour distinguer successivement les diverses parties d'un tout et les revoir aussitôt dans leur ordre simultané.

Pour s'accoutumer à l'observation attentive de la nature, les jeunes élèves s'exerceront tous les jours à l'analyse suggestive des objets extérieurs, à la décomposition des choses en leurs parties sensibles. Le corps humain, un vêtement, une maison, un meuble, une plante, une fleur, en un mot tout ce qui frappe les regards, tout ce qui tombe sous les sens pourra être choisi comme un sujet d'analyse. La nature en est une source inépuisable. Les enfants n'aperçoivent d'abord que l'ordre successif, mais bientôt, sous l'observation attentive, les grandes lignes commencent à se détacher de l'ensemble : les parties PRINCIPALES, celles qui dominent toutes les autres, se dégagent les premières; puis dans les parties principales on ne tarde pas à remarquer les parties *secondaires*, et dans celles-ci les parties *accessoires*.

L'expression suggestive qui MET A NU chacune de ces parties dans leur ordre de dépendance, les présente simultanément à l'esprit.

Exemple :

L'ARBRE

Tronc	Branches	Racines
Ecorce { Epiderme externe. Partie verte. Liber fibreux, interne. Sève descendante. Vaisseaux de l'écorce.	**Ramifications** { Branches principales. Branches secondaires. Rameaux. Support des feuilles. Fleurs et fruits.	**Composition** { Ecorce et bois.
Bois { Aubier, externe. Duramen ou cœur : interne. Couches concentriques. Sève ascendante. Vaisseaux du bois.	**Feuilles** { Face supérieure, inférieure. Pétiole : (*support*) Nervures : (*squelette*). Limbe : (*partie aplatie*). Chlorophylle (*matière verte.*) Respiration et nutrition.	**Description** { Souche ramifiée. Radicelles; chevelu, Poils absorbants.
Moelle { Etui médullaire. Cavité médullaire. Moelle.	**Organes reproducteurs** { Fleur (*produit le fruit*). Fruit (*contient la graine*). Graine (*engendre nouvel arbre*).	**Fonctions** { Support de l'arbre. Nutrition : Absorption des sucs terrestres.

Quelques explications sont ici nécessaires pour bien faire comprendre l'importance et la valeur de ces tableaux suggestifs et mettre en pleine lumière tout le parti que les enfants, même les plus jeunes, en peuvent tirer. Supposons donc que cet exercice d'analyse sur l'arbre ait été imposé aux élèves du cours élémentaire, c'est-à-dire à des enfants de 7 à 9 ans; et que le maître, dans l'intention de leur apprendre à s'y livrer ensuite personnellement et avec fruit, ait décidé de le faire lui-même devant eux. Il écrit d'abord le résumé suggestif au tableau noir, et les enfants le transcrivent en même temps sur un cahier. Cela fait, le maître entreprend oralement l'analyse de la TIGE ou du TRONC qui se divise en trois parties distinctes, l'*écorce*, le *bois* et la *moelle*. Cette division, les élèves la saisissent sur-le-champ et la retiennent sans peine. Il commence par l'*écorce*; et au besoin il a eu soin de s'en procurer un spécimen pour la faire étudier *de visu* pendant la leçon.

« Voyons, mes enfants, leur dit-il, examinez le dessus de cette écorce, sa surface extérieure, et dites-moi si cette surface est lisse, unie, douce à la main? — Non, Monsieur. — En effet, elle n'est pas unie, au contraire, elle offre des aspérités; elle est rugueuse et

rude au toucher. Maintenant, enlevons avec un couteau
un peu de cette surface extérieure, nous remarquons
que cette première tranche est presque sèche en dehors ;
enlevons-en une seconde en pénétrant un peu plus
avant, nous rencontrons en dedans une partie verte,
comme vous pouvez le constater par vous-mêmes. Dites-
moi donc à présent si cette écorce est partout semblable, si elle est entièrement composée de la même
matière. — Les élèves répondent : Non Monsieur, elle
est formée d'une partie sèche en dehors, et d'une partie verte en dedans. — Bien, mes enfants, vous avez
compris. Cette partie extérieure, qui est ordinairement
sèche, rugueuse et assez épaisse, se nomme *épiderme
externe* de l'écorce ; l'autre, qui est au dessous, s'appelle
comme nous l'avons déjà nommée : *partie verte*. Quand
j'ai dit que la surface extérieure de l'écorce est sèche,
rugueuse et assez épaisse, j'ai ajouté le mot *ordinairement*, car il y a des arbres chez lesquels l'*épiderme
externe* est mince et presque uni, comme le cerisier et
le platane par exemple ; et même dans les arbres qui
ont l'écorce sèche, épaisse et rugueuse, celle des jeunes
branches est mince, tendre et lisse. — Tous les élèves :
C'est vrai. — Maintenant si nous tournons cette écorce
à l'envers pour l'examiner en dedans, nous découvrons
une troisième partie, très lisse, très unie, très mince,
composée de fibres qu'on appelle, pour cette raison,
liber fibreux interne.

Autrefois, avant l'invention du papier, on écrivait
sur le *liber* du tilleul, de là sans doute le mot livre.
On l'appelle *interne* parce qu'il est situé en dedans, à
l'intérieur ; c'est l'opposé d'*externe*, qui veut dire situé

en dehors, à l'extérieur. Ce n'est pas tout. Vous croyez peut-être qu'il ne se passe rien dans cette écorce ? Eh bien ! détrompez-vous : il s'y fait un travail constant, il s'y accomplit un mouvement continuel de haut en bas. — Ici tous les élèves redoublent d'attention. — La matière qui constitue l'écorce est formée de petits canaux, de petits tubes ou tuyaux capillaires, si vous aimez mieux, ainsi appelés par analogie avec les cheveux, qui, eux aussi, sont des tubes. Dans l'écorce, ces tuyaux s'appellent les vaisseaux de l'écorce, l'orifice en est comme celui des cheveux, très petit et invisible à l'œil nu. Vous avez aussi entendu dire, sans doute, que dans les arbres il y a une liqueur que l'on appelle la *sève*. — Tous : Oui Monsieur. — Eh bien ! cette sève passe à travers les vaisseaux de l'écorce pour descendre. Il y a donc encore à remarquer dans l'écorce les vaisseaux qui livrent passage à la sève descendante. — Quelques élèves objecteront peut-être : Monsieur, vous dites que la sève descend, nous pensions qu'elle montait, au contraire. — Si cette objection n'était pas faite, le maître la provoquerait pour y faire la réponse suivante. — Votre observation est juste, mais en partie seulement ; elle prouve votre attention et le désir que vous avez de vous instruire. Certainement la sève monte ; quand nous examinerons l'autre partie du tronc qui est enveloppée dans l'écorce, c'est-à-dire le *bois*, nous verrons qu'il y a dans ce *bois* des vaisseaux creux, pareils à ceux de l'écorce, et qui livrent aussi passage à la *sève*. Or, la sève circule dans l'arbre comme le sang dans le corps humain. Le sang va du cœur dans les veines pour retourner au cœur, comme dans un cercle ; c'est ce qu'on appelle la circulation du sang. De même la sève circule dans l'arbre, elle monte d'un côté et descend de l'autre ; il y a la *sève montante* et la *sève descendante* : c'est par les vaisseaux du bois qu'elle monte, c'est par les vaisseaux de l'écorce qu'elle descend. Ainsi, vous le voyez, mes enfants, il y a du mouvement et de la vie dans l'arbre ; une vie végétative, il est vrai, moins parfaite et moins complète que dans l'homme et les animaux, mais enfin l'arbre et les plantes sont des êtres organisés chez lesquels s'accomplissent toutes les fonctions nécessaires à l'entretien de la vie. »

Le maître procédera de la même manière pour les notions qui suivent. Est-il besoin de demander si, dans une leçon ainsi expliquée, les élèves ne sont pas tout yeux et tout oreilles, et si des notions présentées de la sorte n'offrent pas toutes les conditions qui en assurent la conservation : vivacité des impressions, netteté des idées, ordre logique. En fixant son attention sur le résumé suggestif pendant le développement fait par le maître, l'élève pénètre le fond des choses, il les saisit sur le vif et en voit nettement toutes les faces. Le souvenir qu'il en garde est presque ineffaçable, et pour compléter l'œuvre de l'assimilation, il n'a pas besoin de se livrer à des répétitions machinales et fréquentes ; quelques révisions mentales, rapides et peu nombreuses, suffiront.

Reproduisons, pour nous en rendre compte, la partie du résumé suggestif que nous venons d'étudier :

Écorce.
1. Epiderme externe.
2. Partie verte.
3. Liber fibreux interne.
4. Sève descendante par les vaisseaux de l'écorce.

Quelle lumière ce simple coup d'œil ne jette-t-il pas dans l'esprit de l'enfant! Et comme sa pensée embrasse avec rapidité, d'une vue claire et distincte, toute la série d'idées qui se rattachent à ces quelques notions!

Encore n'est-ce pas là seulement que gît tout le bénéfice du procédé suggestif? Ce qui est le point capital en cette matière, c'est l'apparition de l'initiative personnelle, de l'effort libre chez l'enfant, c'est l'éveil donné à ses facultés naissantes, car alors commence en lui la vie intellectuelle. De lui-même il tire le meilleur parti possible de ce principe d'activité qui se révèle à lui, il sent qu'il est désormais le maître de conduire et de diriger son entendement et sa volonté. Quelle différence de résultats avec l'étude sur le livre, qui laisse toujours l'esprit soumis aux impressions sensibles, et ne lui donne qu'un sentiment vague et confus des divers états par lesquels il passe. Par l'étude sur le livre, l'enfant peut bien encore acquérir une certaine science, mais sans fortifier ni assouplir ses facultés actives ; heureux encore s'il n'en compromet pas pour toujours le développement, en altérant et en faussant dès son bas âge, par une méthode vicieuse et incomplète, le principe même de sa constitution intellectuelle et morale, qui est l'activité libre, la volonté. Cette restauration chez l'individu de la puissance active et libre, qui affranchit l'esprit des impressions sensibles, inférieures et passives, ce sentiment de l'existence personnelle qui fournit à l'âme humaine les ressources nécessaires pour conduire et diriger librement ce principe d'activité qui est en elle, tel est sinon l'unique titre, du moins le plus important sur lequel repose l'excellence de la méthode suggestive.

En effet, la *vérité*, dans sa manifestation claire, soudaine, lumineuse, produit sur l'esprit de l'enfant une impression vive et saisissante, analogue à celle des objets brillants et colorés du dehors sur l'organe de la vue. Cette vision nette et frappante donne naissance à une adhésion ferme et solide qui se confond avec sa propre substance pensante. Séduit par l'évidence, il arrive à ce degré de persuasion intime qui est la conséquence logique d'une prompte et vraie intuition. Il se rend à lui-même un témoignage irréfutable de sa conviction, il se dit dans son for intérieur : « Je saisis, je vois, j'ai compris ; le cercle de mes études s'illumine, l'horizon de mes connaissances s'élargit. » — Son esprit est satisfait, il a rencontré le véritable bien-être de l'âme.

Il résulte de cette évidence vivement sentie un phénomène de certitude qui en est comme le rayonnement et la splendeur. Sa faculté intuitive s'empare des notions perçues, se les assimile, et les classe définitivement parmi les idées acquises. Cette opération sans cesse renouvelée devient une habitude de l'ordre le plus élevé : elle ennoblit celui qui s'y livre avec ardeur, elle étend son domaine intellectuel. Sa science individuelle participe chaque jour, dans une mesure toujours progressive, aux richesses qui forment la science universelle. Il s'opère dans cette jeune intelligence un réveil semblable à celui qui se produit dans la nature, à la suite d'un long et rigoureux hiver. Les premiers rayons du soleil font renaître l'espérance et la vie, et les tièdes effluves du printemps, en ranimant la nature, transforment peu à peu la campagne où déjà se révèlent et s'annoncent, dans la floraison d'avril et de mai, les riches promesses de l'avenir et l'abondante moisson de l'été.

Si l'analyse d'un objet extérieur est trop étendue pour être traitée en entier dans une seule leçon, on peut la diviser en plusieurs parties dont chacune fera l'objet d'un exercice particulier. L'étude de l'arbre, par exemple, peut donner lieu à trois exercices séparés, même à un plus grand nombre. Ainsi on analysera en une seule fois, soit tout ce qui concerne le TRONC ou la TIGE, soit seulement ce qui se rapporte à l'*écorce*. En général, ces exercices doivent être faits par les élèves et non par le maître ; mais pour que les enfants puissent les faire eux-mêmes avec fruit, il faut qu'ils y aient été initiés, qu'ils en aient au moins une certaine expérience. Il serait absurde de les astreindre à un devoir d'analyse sans leur en avoir jamais proposé aucun modèle, sans même qu'ils en aient la moindre idée. Il est donc indispensable au début que le maître les habitue peu à peu à ce genre de travail, en le pratiquant lui-même devant eux un certain nombre de fois. Avec ce penchant à l'imitation qui les caractérise, avec cette disposition naturelle à reproduire tout ce qu'ils voient faire, surtout quand ils s'y intéressent, les enfants ne tarderont pas à se mettre en train. D'abord les exercices préparatoires du maître, si vifs, si animés, auront pour effet de provoquer l'élan naturel de leurs facultés et de donner à leur esprit plus de ressort et de souplesse. Ils y puiseront une certaine tendance aux habitudes d'ordre, d'initiative et de décision ; ce sera pour eux une excellente gymnastique intellectuelle dont les bons résultats survivront aux exercices mêmes qui les auront engendrés. Leur aptitude s'accroîtra insensiblement, et leurs premiers essais pourront être heureux et intéressants.

Que le travail analytique ait été fait par le maître ou par l'élève, il doit toujours, en dernier lieu, être développé verbalement en classe, soit en entier par un seul élève, soit en partie et successivement par plusieurs. Cet exercice de reproduction verbale rend le travail attrayant pour les enfants et les habitue à manier la langue, à s'en rendre maîtres, à la plier aux exigences de leur pensée. C'est un excellent moyen de préparation à la rédaction et au devoir de style. (*Voir Langage vocal, page 143 et suiv.*)

Ce n'est pas seulement en classe que les enfants aiment à reproduire verbalement les notions apprises, souvent aussi c'est pour eux une agréable distraction de s'entretenir avec leurs parents de ce qui a fait à l'école l'objet de leur étude. Figurons-nous un jeune écolier qui vient d'étudier l'ARBRE se promenant avec son père à la campagne ou dans un jardin. Le spectacle de la végétation lui rappellera naturellement ce qui a occupé son esprit en classe, et il sera porté à faire parade de sa petite science. Pour éviter les redites en prenant toujours les mêmes exemples, supposons que cet enfant ait étudié la *feuille* et qu'il veuille montrer à son père ce qu'il a retenu de sa leçon.

L'expression suggestive de la notion *feuille* se présente sous cette forme :

Feuille..
1. Formes : lancéolée, dentée, lobée, etc.
2. Face supérieure; inférieure.
3. Pétiole (*support*).
4. Nervures (*squelette*).
5. Limbe (*partie aplatie*).
6. Chlorophylle (*substance colorante*).
7. Absorption de l'acide carbonique de l'air; Nutrition de l'arbre.

Pour rendre ses explications plus frappantes, l'enfant arrachera sans doute plusieurs feuilles aux différents arbres qui l'entourent.

« Vois-tu ces feuilles, papa, dira-t-il, elles ne se ressemblent pas ; il y en a de longues, d'ovales, de presque rondes ; il y en a aussi qui ont des échancrures, des découpures ; d'autres ont seulement de petites dents tout autour. On donne à ces *formes* différentes des noms curieux et peu connus : *dentée, lobée, lancéolée,* etc. — Ce n'est pas bien difficile de connaître la forme des feuilles, répondra le père qui feindra à dessein de n'en pas savoir autant que son fils, il suffit de les regarder de près. — C'est vrai, mais pour les regarder de près, il faut apporter de l'attention. Eh bien ! dis-moi comment on appelle le dessus et le dessous de la feuille alors ? — Comme tu as dit, le dessus et le desssous. — Non, ça a un nom ; le dessus c'est la *face supérieure*, et le dessous la *face inférieure*. La face supérieure est lisse et brillante, tandis que la face inférieure est terne. — Puisque tu es si fort, continue tes explications tout seul, je ne t'interromprai plus. — Presque toutes les feuilles ont une queue, celles qui n'en ont pas s'appellent feuilles *sessiles*. Cette queue c'est ce qui attache la feuille à l'arbre, c'est son *support* ; son vrai nom est *pétiole*. Maintenant toutes ces petites raies qui traversent la feuille en tous sens soutiennent la *partie aplatie*, comme les os dans le corps humain soutiennent la chair ; c'est la charpente ou le *squelette* de la feuille, on les appelle *nervures*, mot qui vient de *nerfs*. La partie aplatie qui est entre les nervures se nomme *limbe*. — C'est très bien, tu connais parfaitement ce qu'il y a dans la feuille. — Oh ! ce n'est pas encore tout. Sais-tu pourquoi les feuilles sont vertes ? — Belle question ! elles sont vertes parce qu'elles sont vertes. — Il y a une raison ; elles sont vertes parce qu'il y a dedans quelque chose qui leur donne cette couleur. — Et comment s'appelle cette chose ? — C'est un mot très difficile, qui vient du grec. — Du grec ? — Oui du grec ; CHLO—RO—PHYLLE, *c, h, l, o, r, o, p, h, y, deux l, e ;* ça veut dire *vert* et *feuille*, voilà ce qui rend les feuilles vertes ; c'est une espèce de liquide, une matière colorante. —- Allons, je vois que tu ne perds pas ton temps en classe, je suis content de toi. — Mais il y a encore quelque chose de bien plus curieux dans les feuilles. — Encore. — Certainement. Tu crois peut-être que les feuilles ne font rien, eh bien, elles travaillent ; elles se nourrissent et elles nourrissent l'arbre. — Je crains fort qu'à tant parler tu ne dises des sottises à la fin. — Des sottises ? alors va demander à notre instituteur, tu verras si ce que je te raconte n'est pas la vérité. — Comment veux-tu qu'elles se nourrissent puisqu'elles n'ont pas de bouche. — Pas de bouche ! elles en ont plus de cent et plus de mille. — Tu déraisonnes. — Pas du tout. Seulement ces bouches sont si petites, si petites, qu'on ne peut pas les voir à l'œil nu, il faut un microscope très fort pour les apercevoir : ce sont de petits trous, des pores, des interstices qui existent sur toute l'étendue de la feuille. Du reste, ces bouches n'ont pas besoin d'être bien grandes, car ce qu'elles absorbent est très léger et très subtil. — Et que peuvent-elles donc absorber ? — C'est dans l'air. — Des moucherons alors ? — Des moucherons ? Quelle idée ! non, c'est un gaz. — Et quel gaz ? — L'acide carbonique, qui rend l'air dangereux à respirer quand il s'y trouve en trop grande quantité ; c'est cet acide qui cause l'asphyxie. Tout ce qui brûle en donne ; les hommes et les animaux en produisent aussi par la respiration ; c'est pour cela que l'air est vicié quand il y a beaucoup de personnes réunies dans une même chambre. Ce gaz est donc très répandu dans l'air, et on ne pourrait bientôt plus respirer ni vivre si les feuilles, en l'absorbant, ne purifiaient cet air qu'il a corrompu ; en même temps elles nourrissent l'arbre. — C'est très bien, mon fils, je vois que tu es attentif et que tu ne perds pas ton temps à l'école. Continue à bien travailler pour devenir plus tard un homme éclairé et considéré. Rentrons à la maison pour voir si le dîner est prêt. »

Nous avons poussé peut-être un peu loin cette analyse en employant quelques termes au dessus de la force moyenne de tout jeunes enfants, comme *épiderme externe, liber fibreux, chlorophylle.* — Mais il s'agit ici d'un cas exceptionnel, d'une analyse qui aurait été présentée aux enfants comme un modèle par le maître. Or, le maître peut, lui, avec tact et mesure, entrer dans certains développements capables d'exciter la curiosité des élèves et de placer leur esprit dans les conditions les plus favorables au développement de l'attention. Il est bien évident que, livrés à leurs seules ressources, les enfants auraient fourni une expression suggestive bien moins complète et bien moins détaillée. Et il n'est pas mauvais que dans ces exercices modèles, le maître s'élève un peu au dessus du niveau ordinaire, ne fût-ce que pour imprimer à son enseignement ce cachet de supériorité qui inspire la confiance, et aussi pour stimuler chez les enfants l'esprit d'investigation et de recherche. L'attention de ces derniers ainsi attirée sur des notions dont ils ne soupçonnaient même pas l'existence, tendra d'elle-même par imitation à rayonner sur d'autres et s'étendra dans la suite à toutes les branches d'étude qu'ils pourront aborder.

Si détaillé qu'il puisse paraître et malgré les notions d'histoire naturelle qui s'y trouvent contenues, le tableau suggestif ci-dessus a été fait au point de vue de la forme extérieure de l'arbre, plutôt qu'au point de vue absolument scientifique. L'expression suggestive ci-après, quoique très incomplète encore, peut donner une idée de ce que devrait être l'étude scientifique.

L'ARBRE

Racine		Tige		Feuille		Fleur		Fruit	
Défini-tion	Partie souterraine de l'arbre. Ramifiée comme la tige. Dure comme le bois.	Défini-tion	Partie moyenne de l'arbre. Relie les racines aux feuilles. Se subdivise en branches.	Défini-tion	Expansions vertes des tissus de la tige. Formes très variées	Défini-tion	Réunion d'organes destinés à produire la graine. Formes diverses : ord^t colorées.	Défini-tion	Ovaire dévelop[pé] et mûri. Sec ou charnu. Renferme la grai[ne].
Organes consti-tutifs	Pivot ou corps de la racine. Radicelles ou chevelu. Poils absorbants (*coiffe*).	Ecorce	Région externe de la tige. Couche ext : sèche; couche int : verte. Liber ; vaisseaux ; sève descendante	Organes consti-tutifs	Pétiole (*support de la feuille*). Limbe (*parenchyme et nervures*). Stomates ; chlorophyle.	Organes acces-soires	Calice (*formé de sépales*) Corolle (*formée de pétales*). Protègent les organes essentiels.	Organes consti-tutifs	Péricarpe; épicar[pe], mésocarpe ; e[n]docarpe. Fruits à noyau [ou] à pépins.
Fonc-tions	Fixer l'arbre au sol ; Absorber les sucs nécessaires à sa nutrition.	Bois	Région interne de la tige. Vaisseaux ; sève ascendante. Moelle.	Fonc-tions	Respiration : absorption d'oxygène. Fonction chlorophylienne : fixation du carbone. Transpiration : vapeur d'eau.	Organes essen-tiels	Etamines : filet, anthère renfermant le pollen. Pistil : stigmate, ovaire renfermant les ovules.	Graine	Embryon : rad[i]cule, tigelle [et] gemmule ; (*[qui] produit la plante*) Cotylédons. (*réser ves nutritives.*)

II. — Analyse des textes ou de la pensée des écrivains

Lorsque les élèves se seront exercés pendant quelque temps à l'analyse des objets sensibles, il leur deviendra facile d'analyser les textes, c'est-à-dire la pensée des écrivains. Ici, le procédé est le même que pour les objets extérieurs, car il en est de la vue de l'esprit comme de celle de l'œil.

D'une simple lecture du sujet, se dégage d'abord l'ordre successif des idées principales ; celles-ci se décomposent à leur tour en idées subordonnées ; et ces dernières, mises à leur place d'après leur valeur et leur importance, présentent l'ordre simultané de toutes les idées du texte, que l'élève embrasse alors d'un seul coup d'œil.

Comme exercice, les élèves feront souvent, sinon tous les jours, le résumé suggestif de petits sujets : fables, poésies, lectures, chapitres de grammaire, d'histoire, etc.

Nous donnons ici pour modèle une des fables les plus connues et les plus intéressantes de Lafontaine : **Le Chêne et le Roseau.**

Lafontaine possède au plus haut point le don d'exprimer une foule d'idées en peu de vers ; aussi est-il très difficile d'en réduire la substance sans s'exposer à faire disparaître l'intérêt. Pour expliquer aux élèves les fables qu'ils ont à apprendre par cœur, on leur en fait faire d'abord l'analyse sous forme de tableau synoptique au moyen de termes suggestifs, selon le procédé employé pour les cours oraux; on continue ensuite les explications par des commentaires et des développements intéressants; c'est une sorte d'analyse oratoire où sont expliquées toutes les figures, où sont mises en lumière toutes les vérités morales qui n'auraient pas été saisies par les élèves.

La synopsie de la fable intitulée « LE CHÊNE ET LE ROSEAU » se compose : 1° d'un dialogue d'où ressort un parallèle entre les deux personnages allégoriques, *le Chêne* et *le Roseau;* 2° d'un récit où trois personnages entrent en scène : le *vent*, le *chêne* et *le roseau*, et dont le dénouement confirme les prévisions du roseau.

L'auteur n'a pas exprimé la morale de la fable, mais il sera facile au maître d'en tirer un aphorisme dont le mérite ne fera qu'appuyer son autorité auprès de ses élèves.

LE CHÊNE ET LE ROSEAU

DIALOGUE		RÉCIT		
PARALLÈLE		SCÈNE		
Le Chêne	Le Roseau	Vent	Chêne	Roseau
Force.	Faiblesse.	Violence.	Résistance.	Docilité.
Grandeur.	Isolement.	Impétuosité.	Renversement	Sécurité.
Résistance.	Flexibilité.	—	—	—
Jactance.	Légère ironie.	—	—	—

Ce simple tableau, même accompagné des explications du maître, ne saurait suffire à intéresser les élèves et à leur faire goûter les chefs-d'œuvre dont il s'agit. Il faut insister sur les beautés poétiques qui s'y trouvent renfermées. Cet exercice, en y comprenant les questions adressées aux élèves, peut, sans exagération, durer au moins une demi-heure. Pour les cours ordinaires, grammaire, histoire, arithmétique, il n'est pas nécessaire de s'appesantir sur les développements de la synopsie qui trouvent leur place dans l'exposé du cours lui-même.

Un écrivain distingué, Charles Nodier, reconnaît comme nous la difficulté que présente l'analyse des fables de Lafontaine et les inconvénients qu'il y aurait à en étudier les éléments comme on étudie un passage d'histoire. Il dit même à propos des *Animaux malades de la peste*, qu'il faut se contenter d'admirer et ne pas chercher à analyser.

« On y trouve toute la majesté du genre lyrique, la tendresse de l'élégie, l'observation de la comédie et le sel de la satire... C'est le plus beau des apologues de Lafontaine et de tous les apologues... C'est presque l'histoire de toute société humaine. »

Tout ceci revient à dire qu'en poésie on doit savoir avant tout éveiller chez l'élève le sentiment du beau. Nous recommandons aux maîtres d'étudier Taine dans ce qu'il a écrit sur les fables de Lafontaine, et d'adopter sans hésiter, non ses théories qui peuvent paraître contestables, mais sa méthode d'analyse, à la condition de la mettre à la portée de leurs élèves. Ils atteindront ainsi le but que l'on doit poursuivre en pareille matière.

Si la fable de Lafontaine est choisie seulement comme exercice de lecture, la synopsie qui précède et les explications du maître d'après nos indications peuvent suffire pour faire comprendre aux élèves le sens et la portée de cet apologue et leur en faire goûter les beautés. Mais s'ils doivent ensuite l'apprendre par cœur, peut-être le résumé suggestif ci-dessus ne leur serait-il pas d'un secours assez efficace, et conviendrait-il alors de leur présenter une synopsie plus détaillée, analogue à celle qui suit.

SYNOPSIE DÉTAILLÉE DU CHÊNE ET DU ROSEAU

Paroles du Chêne		Paroles du roseau		Tempête	
Paral-lèle	Dédain et jactance. Roitelet... moindre vent. Caucase... soleil... tempête.	Ironie	Bon naturel... souci inutile. Les vents... redoutables. Je plie et ne romps pas.	Confir-mation	Du bout de l'horizon... Accourt avec furie... Enfants du Nord.
Anti-thèse	Aquilon... zéphir.	Prévi-sions	Vous avez... résisté sans... Mais attendons la fin.	Atti-tude	L'arbre tient bon, le roseau plic. Efforts redoublés. . . . .
Protec-tion	A l'abri du feuillage... Humides bords... La nature... injuste.		. . . .	Dénoû-ment	Déracine... La tête au ciel... Les pieds... empire des morts.

III. — Analyse de la pensée personnelle. — Style et composition française

Nous venons de voir que l'analyse des objets sensibles est une préparation efficace à l'analyse des textes. L'étude méthodique et journalière des idées d'autrui est à son tour pour l'élève une préparation non moins efficace à l'analyse méthodique de sa propre pensée. En abordant son sujet, il se pose cette question : «*Que dois-je dire ou écrire?* » Il se recueille un instant, il embrasse par la réflexion sa pensée tout entière, comme il s'est accoutumé à embrasser du regard les objets extérieurs, et s'en retrace toutes les divisions dans l'ordre successif.

Mais comme de prime abord son esprit ne discerne pas toutes les idées qu'il pourra percevoir dans la suite, il ne cherche point à pénétrer dans des détails encore confus et obscurs pour lui; il ne saisit que les grandes lignes, les idées principales auxquelles il associe respectivement les idées subordonnées qui en dépendent, en se conformant aux rapports qui existent entre elles; et par une pente toute naturelle il en arrive à percevoir sans effort l'ordre simultané de sa composition.

Avant donc que d'écrire, apprenez à penser,

dit Boileau. Ajoutons aussi « *avant de parler* » car presque toujours,

Ce que l'on conçoit bien s'énonce clairement.

Tout est là en effet. La conception du plan de l'édifice est le travail le plus important et le plus laborieux : le discernement et le goût y président. Une fois ce plan conçu et arrêté, les idées claires et lumineuses se succèdent avec ordre ; de leur arrangement dépendent la clarté et l'harmonie de l'ensemble. La correction du langage, le choix des termes, la propriété de l'expression, tout cela vient naturellement et comme de source. C'est affaire de métier,

Et les mots pour le dire arrivent aisément.

Déjà, grâce à l'exercice permanent de la reproduction verbale, les élèves ont acquis de bonnes habitudes de diction. Ne se sont-ils pas accoutumés en présence du maître à s'exprimer correctement, à châtier leur style, à se débarrasser des barbarismes et des locutions vicieuses ? Ils n'éprouvent donc aucun embarras à développer leur sujet ; ils ÉCRIVENT comme ils ont appris à PARLER.

Aussi la correction portera-t-elle plutôt sur la composition en elle-même que sur l'expression. Le maître recherchera surtout si l'élève a *trop* ou *trop peu* divisé son sujet; si l'analyse n'a pas été poussée trop loin ou n'a pas été trop restreinte; si le style, quoique correct, n'est pas embrouillé et diffus; s'il n'y a point de détails inutiles, de digressions superflues; ou si au contraire le développement n'est pas trop laconique, trop sec et trop pâle. Il faut savoir se renfermer dans son sujet; le traiter complètement sans en sortir.

La prolixité est l'écueil ordinaire des commençants. Elle provient de ce que chaque idée pouvant prendre un caractère ou plutôt une apparence de généralité est susceptible de décomposition et d'analyse. L'élève, dont le jugement et le goût ne sont pas encore formés, se laisse entraîner par la manie des divisions et des subdivisions, il tombe dans l'excès et délaye son sujet quand il ne s'en tient pas tout à fait à l'écart.

L'art de circonscrire sa pensée et de l'analyser dans une juste mesure, sans exagération, suivant les besoins du sujet, est le point le plus difficile de la composition. Il ne s'acquiert que par un goût sûr; et lorsque le goût ne produit que ce qu'il sent, c'est le talent.

La sècheresse, qui est le défaut contraire à la diffusion, provient généralement de la paresse et quelquefois de la timidité de l'esprit; rarement de l'impuissance.

Il faut secouer ces natures molles et apathiques, incapables d'un effort sérieux; il faut savoir encourager l'initiative des esprits lents et timides qui se défient d'eux-mêmes. On applaudira à leurs premiers succès, on s'efforcera de leur inspirer la confiance en leurs propres forces.

Les élèves des classes supérieures s'exerceront à analyser leur pensée sur des sujets divers : lettres, descriptions, portraits, parallèles, narrations, biographies, dialogues, proverbes, moralités, etc.

La fabrication du pain, du vin, de la bière, du sucre; la culture du blé, du chanvre, de la betterave, de la canne à sucre, du tabac; tous les produits de l'industrie manufacturière, toutes les productions du sol fournissent une ample matière de sujets à traiter, les textes abondent de toutes parts, on n'a que l'embarras du choix.

On donnera souvent aux élèves des sujets propres à les éclairer sur les obligations qu'ils auront à remplir plus tard dans la société, tels que le service militaire, le respect de l'autorité, l'amour du pays; l'organisation des pouvoirs, les institutions et les lois; les devoirs et les droits du citoyen, le vote, l'impôt, le travail, l'ordre, l'économie; en un mot tout ce qui est de nature à les préparer à la vie civile, à former de bons citoyens et de bons pères de famille.

Avant le travail de rédaction proprement dite, les élèves feront d'abord le plan suggestif du sujet. Nous donnons ici comme modèles le plan d'une description et celui d'une lettre.

PLAN SUGGESTIF D'UNE DESCRIPTION

La salle de classe

Exposition.. { Au nord ? au midi ? etc.
Situation — rez-de-chaussée, etc.
Lumière — croisées — portes — aération.

Dimensions. { Longueur — largeur, etc.
Forme.
....

Matériel.... { Bureau du maître; forme, place.
Pupitres — tables — formes — dimensions.
Tableau noir — cartes murales, etc.

Elèves ..... { Nombre.
Ages.
Degré d'instruction — divisions.

PLAN SUGGESTIF D'UNE LETTRE.

Un élève en pension à ses parents

Santé......
{ La sienne.
Ses causes.
·Vœux pour celle de ses parents. }

Etudes.....
{ Travail.
Progrès.
Satisfaction des maîtres. }

Besoins....
{ Argent — motif.
Vêtements — linge.
Objets divers. }

Compliments
{ Souvenirs aux amis.
Compliments à la famille.
Marques d'affection. }

On comprend que le plan d'une composition, d'une lettre surtout, peut varier de bien des manières.

Les résumés ci-dessus et leurs semblables sont développés par l'élève tantôt verbalement, tantôt par écrit.

Nous ne saurions trop recommander l'analyse suggestive des lettres de Mme de Sévigné qui sont des chefs-d'œuvre de style épistolaire. Les élèves y trouveront de précieuses ressources pour se former le goût.

L'analyse de ces lettres devra se faire comme l'analyse des textes ou de la pensée des écrivains dont nous avons parlé au chapitre précédent.

IV. — Analyse simultanée-mutuelle

Cet exercice fait au tableau noir tire son nom de ce que tous les élèves d'une classe peuvent y prendre part.

Le sujet à analyser est proposé par le maître. Aussitôt la pensée de tous les élèves est sollicitée, et chacun d'eux à tour de rôle émet une idée simple qui se rapporte au sujet. Toutes ces idées écrites synoptiquement au tableau noir donnent l'ordre successif. Il ne reste plus ensuite qu'à faire un choix parmi les idées émises, et à les ranger selon leur importance dans l'ordre simultané. Le développement verbal suit immédiatement.

Il est inutile d'insister sur les avantages qui résultent, tant pour les élèves que pour les maîtres, de l'exercice simultané-mutuel dans la diction et dans la composition française.

Ici les élèves s'attacheront à parler et à écrire le plus simplement, le plus clairement possible. Le mérite d'une conversation, d'une narration, n'est pas dans l'emploi des mots recherchés, des phrases ampoulées, mais dans la suite harmonieuse et correcte des idées coordonnées. Les hommes les plus instruits sont ceux qui parlent avec le plus de clarté et de naturel.

V. — Des concours oraux par la méthode suggestive

Le mode simultané-mutuel nous amène naturellement à parler des concours oraux. Cet exercice consiste à substituer les élèves au professeur dans une suite d'interrogations que les élèves d'une même classe s'adressent mutuellement sur la partie étudiée d'une matière quelconque du programme : arithmétique, grammaire, histoire, géographie, etc.

A cet effet toute la division est pour ainsi dire constituée en commission d'examen. Un élève quitte les bancs et va se placer debout à côté du tableau, devant ses condisciples qui, tour à tour, avec ordre, lui posent une ou deux questions à résoudre. La réponse ne doit pas se faire attendre longtemps, car un jeune secrétaire nommé d'avance marque sur une liste autant de croix qu'il y a eu de demandes laissées sans réponse. L'épreuve finie, un second élève succède au premier, et celui-ci devient interrogateur à son tour. Ainsi chaque élève interroge et est interrogé à tour de rôle, sous l'œil du maître qui dirige les débats et dont l'autorité maintient l'ordre et le silence dans les rangs de la commission écolière.

Les examinateurs peuvent au besoin se servir du tableau suggestif qu'ils ont fait précédemment pour y puiser leurs questions. Il est certainement très intéressant de voir ces jeunes élèves poser à leurs camarades des questions choisies parmi les parties du programme déjà étudiées. Quelques-uns, par amour-propre, les auront sans doute préparées la veille ; car ils savent qu'ils pourraient être dans l'obligation de les résoudre eux-mêmes séance tenante si leur condisciple venait à se trouver embarrassé. La satisfaction légitime d'avoir désarçonné un rival ou un concurrent se changerait pour eux en honte, s'ils accusaient la même impuissance sur une question préparée et posée par eux-mêmes. Tel se borne à réclamer quelques définitions, tel autre invite à donner des exemples, à énoncer une règle, à faire une démonstration ; celui-ci cherche à prendre sa revanche d'une défaite en posant une question difficile à un camarade qui l'a mis précédemment dans l'embarras, tous s'évertuent à faire preuve de sagacité, de pénétration, de savoir. Il en résulte un vif intérêt de curiosité et d'émulation, utile à tous les élèves, qui tous profitent des demandes et des réponses auxquelles ils prêtent naturellement une oreille attentive.

Ces concours variés, animés, introduisent une agréable diversion dans les classes, en interrompant la monotonie ordinaire des exercices quotidiens. Ils ont le don d'exciter les esprits à la recherche; ils apprennent aux élèves à réduire par eux-mêmes une question complexe en ses éléments, ils les habituent à se servir de leurs propres ressources pour mettre en œuvre ce qu'ils ont acquis, et permettent au maître de se rendre un compte exact de la manière dont chacun d'eux comprend et de l'aptitude qu'il témoigne à interpréter ses pensées.

Toutefois ce système n'est pas sans dangers et pourrait occasionner des abus, s'il dégénérait en conversations oiseuses, en vain bavardage ou en désordre. La pétulance inhérente au caractère de l'enfant, sa précipitation à vouloir entrer en scène le pousse à parler avant de réfléchir, à donner des explications qu'on ne lui demande pas, à couper la parole à ses camarades, et à compromettre par une intervention brouillonne le fruit qu'on pourrait tirer d'un usage sobre et discret de cet exercice.

C'est donc au maître qu'il appartient de maintenir par son autorité le ton grave et sérieux qui convient à tous les exercices scolaires. Il fera comprendre aux élèves qu'ils ne doivent jamais parler avant leur tour, ou tout au moins sans en avoir demandé et obtenu la permission par un signe convenu. Si, malgré ces précautions, quelque abus se produisait, le maître n'hésiterait pas à suspendre la séance pour passer à un autre ordre d'occupation.

Comme ces concours offrent un attrait particulier aux enfants et les intéressent au plus haut point, ils seront vivement affectés de cette privation, qu'on leur fera considérer comme une punition, et ils s'efforceront une autre fois de montrer plus de retenue et de réserve.

D'ailleurs, par sa nature même, le concours oral, exigeant plus de temps que les reproductions verbales quotidiennes, ne saurait être pratiqué utilement qu'à des intervalles de semaine ou de quinzaine, pour des révisions récapitulatives portant sur un ou plusieurs chapitres d'une science.

VI. — Manière d'apprendre logiquement les leçons mot à mot

Nous avons indiqué les cas où la récitation littérale est exigible ; nous n'y reviendrons pas.

Avant d'étudier une leçon de mémoire, l'élève se fera d'abord cette question : « *Que dit-on dans le texte à apprendre ?* » et il commencera par le lire posément, en entier, pour en comprendre le sens ; quelquefois le maître le lira lui-même ou le fera lire à haute voix, en l'accompagnant des explications qu'il jugera nécessaires. Cette lecture achevée, l'élève tâchera de trouver le titre ou l'idée-mère. Prenons pour exemple les strophes fameuses de Gilbert qu'il s'agit de faire apprendre par cœur. Dans le cas qui nous occupe, il est question de quelqu'un qui va mourir et qui fait ses adieux à la vie. On est porté à prendre pour titre « *Adieux à la vie* », mais ce terme serait insuffisant, car celui qui *sent sa fin prochaine* n'est pas le laboureur de Lafontaine ni un personnage quelconque. Pourvu que le maître ait laissé entendre que Gilbert parle de lui-même, l'idée de poète figurera dans l'expression suggestive du titre. On choisira donc l'une des expressions suivantes : *Adieux d'un poète à la vie*; ou bien : *Derniers moments d'un poète*; ou encore : *Le poète mourant*. On voit qu'il y a toujours une certaine latitude dans le choix des termes suggestifs. Le maître guidera les élèves dans leurs choix au début, mais ensuite ceux-ci devront opérer par eux-mêmes et spontanément.

Il est nécessaire de remarquer aussi que les recueils de morceaux choisis donnent les titres des textes à apprendre, et ceux-ci sont le plus souvent très nets et très exacts. L'élève, après sa première lecture, jugera si le texte de la leçon correspond bien aux idées qu'il y a rencontrées; il lui cherchera un équivalent et même le modifiera par un terme suggestif capable de rappeler les sentiments qui l'auront plus particulièrement frappé. Supposons le titre : *Derniers moments d'un poète*, il ajoutera l'adjectif *malheureux*, et l'on aura cette indication tout à fait suggestive : *Derniers moments d'un poète malheureux*.

Le titre une fois trouvé, on cherchera à dégager les idées principales et on représentera chacune d'elles par un terme suggestif qui en embrasse le sens. Ces termes indiqueront les divisions logiques de la leçon, et leur réunion au titre formera le résumé du texte.

Pour la pièce de vers ci-dessous, l'idée principale qui se dégage de la première strophe est une PLAINTE. Le poëte se plaint de sa mort prématurée et de son abandon en ce monde comme après sa mort.

L'idée principale de la seconde strophe est un ADIEU à la nature. Le moribond salue les champs, la retraite solitaire au fond des bois, le ciel qui l'éclaire.

L'idée principale de la troisième strophe est un SOUHAIT qu'il adresse à ses amis, auxquels il désire une longue vie et une assistance à la mort.

Le tableau synoptique comprendra donc les mots suggestifs suivants :

DERNIERS MOMENTS D'UN POËTE MALHEUREUX

(Sa dernière) PLAINTE.
(Ses derniers) ADIEUX.
(Ses derniers) SOUHAITS.

Si chacune de ces idées est complexe, on prendra pour en faciliter l'introduction complète dans l'esprit, un ou plusieurs mots du développement, qu'on placera à droite de l'idée à laquelle ils correspondent, au moyen d'une accolade. Ces mots tirés du texte même seront les plus saillants, les plus imagés, ceux qui frappent le plus ; un nom, un adjectif, un verbe. Pour l'histoire : un nom propre, une date, un traité. Ces mots prennent le nom de mots suggestifs d'*idée simple*, parce qu'ils ne suggèrent pas d'autres idées que celle qu'ils représentent.

ANALYSE D'UNE NOTION COMPLEXE D'UN TEXTE A APPRENDRE

Texte

Au banquet de la vie, infortuné convive,
    J'apparus un jour et je meurs ;
Je meurs, et sur la tombe où lentement j'arrive
    Nul ne viendra verser des pleurs.

Salut ! Champs que j'aimais, et vous, douce verdure,
    Et vous, riant exil des bois,
Ciel, pavillon de l'homme, admirable nature,
    Salut pour la dernière fois !

Ah ! puissent voir longtemps votre beauté sacrée
    Tant d'amis sourds à mes adieux ;
Qu'ils meurent pleins de jours, que leur mort soit pleu-
                    [rée,
    Qu'un ami leur ferme les yeux !

GILBERT.

RÉSUMÉ SUGGESTIF

Derniers moments d'un poète malheureux

1. **Plainte**.....
  { Banquet.
  { Tombe.
  { Pleurs.

2. **Adieux**.....
  { Champs. }
  { Bois.   } Nature.
  { Ciel.   }

3. **Souhaits**....
  { Ah ! puissent voir....
  { Qu'ils meurent.
  { Qu'un ami.

Le choix de ces termes suggestifs représentant les idées contenues dans ces trois strophes serait pour un esprit méticuleux une facile matière à critique. Il pourrait dire par exemple que le mot *banquet* ne forme pas un terme suggestif si l'on n'y ajoute *de la vie* qui fait partie intégrante de la métaphore. Au point de vue de l'exactitude, cela est rigoureusement vrai, mais quant à la vertu suggestive de l'une ou de l'autre expression (et c'est la condition qui domine tout), il est douteux qu'elle soit plus grande dans l'expression métaphorique que dans le seul terme *banquet*.

Avant de donner un texte à apprendre par cœur, le maître le lit toujours ou le fait lire à haute voix par un élève. C'est un exercice préparatoire où il explique tous les mots susceptibles de présenter quelque difficulté. Dans ce morceau il aura dû dire d'abord ce que c'est qu'un *banquet* et comment s'appelle celui qui y assiste ; il aura demandé ensuite aux élèves ce qu'ils entendaient par le *banquet de la vie* ; ceux-ci auront alors comfpris que cette expression figurée signifie l'existence, et que quitter ce banquet, c'est cesser d'exister, c'est mourir. Que se passe-t-il à la mort d'une personne ? On conduit la dépouille mortelle au cimetière, et on marque la place où elle repose par une tombe. L'idée de la mort, de la sortie du banquet de la vie appelle naturellement l'idée de *tombe*. Et quand le défunt est enfermé dans la tombe, ses parents et ses amis déplorent sa perte et versent des larmes en signe de deuil. Ces trois termes *banquet, tombe, pleurs*, pris dans le texte, représentent trois idées qui s'enchaînent naturellement, leur vertu suggestive est évidente. Si l'on tient à la métaphore, rien n'empêche de prendre *banquet de la vie* pour premier terme suggestif, ou de se contenter du mot *banquet*... suivi de plusieurs points de suspension pour indiquer que la figure est coupée en deux. La section de l'expression composée est sans importance, puisqu'à la rigueur une abréviation peut suffire. On ne saurait s'arrêter à ces subtilités.

Dans la seconde strophe le poète fait ses adieux à tout ce qui l'entoure, à tout ce qu'il a admiré et aimé dans la nature pendant le cours de sa brève existence. Il salue pour la dernière fois la douce verdure des champs qui charmait son regard pensif et rêveur ; l'exil profond des bois où il allait chercher le recueillement et le silence si favorables à ses méditations poétiques ; l'azur du ciel qu'il a tant de fois contemplé avec ravissement ; toute la nature enfin dont le spectacle inspirait sa muse. Les termes *champs, bois, ciel* sont étroitement liés les uns aux autres et se résument parfaitement dans le mot *nature*. *Exil* serait moins suggestif que *bois*, et il est inutile de mettre *exil des bois*.

Dans la dernière strophe il souhaite à ses amis une longue existence et exprime le vœu qu'ils soient assistés à leurs derniers moments par une main amie qui leur ferme les yeux. Allusion touchante au délaissement dans lequel il se sent mourir. Si nous avions suivi la même voie que dans les strophes précédentes, nous aurions complété l'idée de SOUHAITS par ces deux autres : *longue vie, assistance à la mort*. Mais nous avons modifié à dessein notre manière de fixer les termes suggestifs dans cette dernière strophe où ils ne ressemblent en rien à ceux que nous avons employés plus haut. En voici la raison.

Nous avons remarqué bien des fois qu'un élève qui récite une leçon par cœur hésite presque toujours aux transitions d'idées. Si on lui souffle le premier mot, la suite jaillit naturellement. Voilà pourquoi nous avons pensé que le premier mot de chaque transition d'idée pouvait efficacement servir de point de repère pour chaque division. Il y a des esprits qui s'accommodent mieux de cette catégorie de mots suggestifs, bien que personnellement nous les trouvions moins suggestifs que les autres, qui du reste sont aussi l'objet de certaines préférences. Il faut laisser à chacun sa pleine initiative, ses coudées franches, la liberté de choisir selon son tempérament et ses goûts, et nous ne voyons aucun inconvénient pour l'étude du mot à mot, à ce que le maître autorise et accepte l'emploi de mots suggestifs différents dans les tableaux synoptiques faits par les élèves. Notre langue n'est-elle pas assez riche pour fournir plusieurs termes suggestifs capables de représenter une même idée? Il n'y a rien d'absolu dans cette sorte de sélection; si les termes suggèrent toute la portée synthétique d'une notion, le but est atteint. Dans cette variété infinie de notions, dans ce nombre incalculable d'idées de toutes sortes, qui donc oserait se flatter de trouver toujours à son gré, selon la circonstance, une expression suggestive si juste, si heureuse, si parfaite qu'elle puisse défier toute critique? Et si par impossible cet heureux phénix venait à se rencontrer, qu'importerait après tout cette irréprochable sagacité, ce discernement impeccable dans ses choix, puisque les termes suggestifs n'ont d'autre but que de mettre la pensée en mouvement, et sont destinés à disparaître au regard de l'élève, aussitôt qu'il est entré en possession de la connaissance?

La disposition des termes suggestifs en tableaux synoptiques peut aussi être considérée par certains esprits timorés ou prévenus comme une sorte de mécanisme qui aboutirait à la longue à matérialiser la pensée, habituerait l'enfant à ne plus concevoir, à ne plus conserver ses idées que sous une forme graphique et stériliserait chez lui la faculté de penser *mentalement*, si nous pouvons nous exprimer ainsi.

Cette crainte est purement chimérique, une simple observation la fera disparaître.

La communication directe entre les intelligences étant impossible, la pensée ne peut se transmettre sans le secours d'un intermédiaire, d'un élément sensible qui la représente, de là, la nécessité absolue de recourir à des signes sensibles (écrits ou oraux), qui soient l'expression des idées. Comme ces signes peuvent souvent exercer une influence fâcheuse sur la pensée, tout en restant indispensables, il convient d'en atténuer les effets dans la mesure du possible, par un usage sobre et discret d'abord, et ensuite par leur suppression complète. Ainsi donc une fois que le tableau suggestif aura aidé à l'introduction ou à l'association des notions dans l'esprit de l'élève, il devra disparaître de ses regards, et n'être conservé sur le cahier que pour être consulté en cas de défaillance ou d'oubli.

Percevoir la notion par la pensée, saisir l'ordre logique par la pensée, répéter par la pensée, est-ce donc là un mécanisme ? Le tableau suggestif n'est là que comme un échafaudage provisoire, indispensable pour élever le monument du savoir. L'œuvre de l'assimilation accomplie, cet échafaudage disparaît pour ne laisser subsister que la construction mentale, l'édifice intellectuel.

L'écueil, s'il fallait en signaler un, ne serait-il pas plutôt dans la suppression trop radicale des signes sensibles ? *O chair !* disait Descartes à Gassendi : tel est le reproche que semblent nous adresser ceux qui sont portés à découvrir dans l'usage du tableau suggestif une tendance à matérialiser la pensée. Nous croyons qu'on pourrait nous adresser à plus juste titre la réplique de Gassendi à son antagoniste : *O idée !* En toute chose il faut garder une juste mesure et ne rien pousser à l'excès. Le *ne quid nimis* sera toujours la règle de l'éternelle sagesse.

VII. — Étude du mot à mot.

Un élève doit-il étudier une leçon d'histoire, de grammaire, d'une science quelconque, où la récitation littérale n'est pas de rigueur, il lui suffira, à l'aide des jalons qui constituent le tableau suggestif, de suivre par la pensée l'ordre logique des notions contenues dans le texte et, avec ses propres ressources, d'en reproduire la substance. Mais un morceau de poésie ou de littérature, comme les strophes de Gilbert, par exemple, exige la récitation littérale; et pour que l'enfant arrive à reproduire sans fatigue le mot à mot exact et rigoureux d'une leçon de ce genre, il lui importe, comme le fait justement remarquer M. Chavauty, « de bien se pénétrer que l'auteur du texte a obéi, en l'écrivant, à une triple impulsion :

1° A une impulsion rationnelle et logique.

2° A une impulsion grammaticale et littéraire.

3° A une impulsion de tempérament et de circonstance.

C'est à cette triple impulsion que son style doit son caractère, son mouvement, sa couleur.

Dans la pièce de Gilbert qu'on veut s'assimiler, il faut supposer qu'il n'y a rien d'inutile; l'article, la conjonction et l'adverbe ont leur raison d'être aussi bien que le sujet, le verbe et l'attribut; leur rôle et leur place ont été imposés au moins par l'une des trois impulsions ordinaires, sinon par les trois à la fois.

Prenez donc au sérieux la pensée d'abord, puis chaque mot et l'ordre des mots. Tout a droit :

1° A votre attention,

2° A une conception ordonnée qui réfléchisse l'ordonnance même du texte,

3° A une répétition qui sera l'écho parfait de ce que vous aurez compris et conçu avec ordre. »

Or, le résumé suggestif, si avantageux quand il s'agit de reproduire toutes les notions d'un texte dans leur ordre logique, ne saurait présenter à l'esprit la forme originale dont l'auteur a su revêtir et envelopper ses pensées. Tout ce qui donne au style une empreinte personnelle, comme le tour, le mouvement, le coloris, les nuances, les images, échappe à l'analyse : ce sont autant d'éléments qu'il est plus facile de sentir que de représenter par un terme suggestif. Sans doute, le tableau suggestif est ici encore d'un grand secours pour l'étude du mot à mot, mais peut-il dispenser complètement de l'usage du livre ? L'élève a donc besoin de recourir au texte même de la leçon qu'il veut apprendre par cœur mot à mot, et pour rendre cet exercice réellement fructueux, il devra porter son attention sur chacune des idées du texte, en les envisageant d'abord une à une ; puis il ajoutera successivement à chaque idée, l'idée qui vient après en tenant compte de la modification que celle-ci apporte à la précédente en la complétant.

Ainsi : 1ʳᵉ IDÉE, *Au banquet de la vie*

Ajoutons la 2ᵐᵉ IDÉE,

Au banquet de la vie, *infortuné convive,*

on continuera de la même manière pour la strophe entière, comme dans le tableau ci-dessous :

<pre>
              Au banquet de la vie
              Au banquet de la vie, infortuné convive
Au.... J'apparus un jour
Au.... J'apparus un jour et je meurs
Au.... Je meurs et sur la tombe
Au.... Je meurs et sur la tombe où lentement
                  j'arrive
Au.... Nul ne viendra
Au.... Nul ne viendra verser des pleurs.
</pre>

Et ainsi pour les deux autres divisions de la pièce.

Ce mode de répétition régulier et non désordonné, comme cela arrive trop souvent, sera d'une efficacité proportionnelle aux facultés de chaque élève, mais certaine pour tous. Les élèves peuvent donc se servir du livre; mais en répétant, ils ne doivent regarder sur le texte que les mots à ajouter à la dernière ligne. Ils appliquent ainsi simultanément les trois lois de l'acquisition et du souvenir :

1º SENSATION et PERCEPTION des idées par la réflexion.

2° Ordre par l'introduction régulière des idées du texte dans l'esprit.

3° Habitude par la répétition progressive et fréquente.

Quand l'élève croit savoir à peu près par cœur, il ferme le livre; et n'ayant que le résumé suggestif sous les yeux, il récite textuellement la première strophe, puis la seconde, puis la troisième. Si la mémoire lui fait défaut, qu'il ne s'obstine pas à chercher, qu'il revoie plutôt le texte. Et quand il sera tout à fait sûr de lui, le texte et le tableau suggestif disparaîtront de ses yeux.

Néanmoins il aura présent à la mémoire le résumé de la pièce, pour se bien pénétrer des divisions principales. Mentalement il dira :

DERNIERS MOMENTS D'UN POÈTE MALHEUREUX

SA DERNIÈRE PLAINTE,
SES DERNIERS ADIEUX,
SES DERNIERS SOUHAITS.

Puis il récitera toute la poésie lentement, attentivement, avec inflexions et nuances.

Qu'on n'aille pas s'imaginer que le procédé de répétition, excellent dans son principe, soit poussé à l'excès sous la forme que nous venons d'indiquer, et devienne fastidieux à nos petits Français. Il est certain au contraire que par l'attention qu'il prête aux idées, par l'ordre qu'il établit entre elles, successivement d'abord et simultanément ensuite, l'enfant accomplit toujours un travail d'intelligence supérieur au pur travail de mémoire, et que, par suite, les répétitions sont plus efficaces et moins nombreuses que par je ne sais quel mécanisme inconscient, dont l'invariabilité machinale engendre la paresse d'esprit et la routine.

Après avoir appris mot à mot une pièce de vers, les élèves d'une certaine force feront un exercice excellent en la traduisant en prose, verbalement, sous l'œil du maître. Ils se rendront compte du mouvement des pensées; ils en distingueront la nature, l'ordonnance et la variété, et remarqueront les passages saillants. Ils conserveront sur leur cahier analytique le petit résumé suggestif de chaque leçon isolée, pour le consulter dans la suite en vue de rappeler rapidement leurs souvenirs. Cependant, toutes les fois qu'ils pourront s'en passer, ils le laisseront de côté pour ne conserver dans l'esprit que les IDÉES.

res des Chapitres		Divisions des Chapitres				
NOTIONS PRÉLIMINAIRES		Unité	Nombre	Arithmétique (définition)	Signes	Chiffres romains
II. NUMÉRATION.		Numération parlée	Numération écrite	Lecture des nombres	Ecriture des nombres	Applications
III. ADDITION.		Trois cas	Règle générale	Propriétés de l'addition	Preuves de l'addition	Usages
IV. SOUSTRACTION		Trois cas	Règle générale	Propriétés de la soustraction	Preuves de la soustraction	Usages

NOTIONS PRÉLIMINAIRES ▶

- **Grandeur ou quantité** — { Définition. / Exemples.
- **Différente** — { Grandeur : se mesure. / Quantité : se compte.

Unité (UN.)

- **Définition** — { Quantité prise pour terme de comparaison.
- **Unités usuelles** — { Mètre, are, stère, litre, gramme, franc, etc.
- **Unités anciennes** — { Livre tournois, écu, liard, toise, arpent, livre, etc.

Nombres (N.)

- **Définition** — { Rapport d'une quantité avec une autre quantité de même espèce prise pour unité.
- **Trois sortes de nombres** — { Nombre entier : Ex. : 5. / Fraction : Ex. : 2/3. / Nombre fractionnaire : Ex. : 4/5.
- **Un nombre est encore** — { Concret ou abstrait : Ex. : 6; 5 mètres. / Complet ou incomplet. Ex. : 5 mille.

Arithmétique

- **Définition** — { Science des nombres. / Propriétés des nombres. / Combinaisons des nombres.
- **Théorie** — { Raisonnements. Théorèmes. Corollaires. / Démonstration réciproque. / Problèmes. Solutions.
- **Pratique** — { Opérations fondamentales. / Calcul.

Signes (nomenclature)

- **Opérations** — { $+$, $-$, ($\times$ ou .) / (: ou $\frac{a}{b}$), etc. $>$. $<$. ( ), , $\underline{\quad}$.
- **Comparaison** — { $\gtreqless$
- **Puissances et racines** — { Sommes ou différences $(a + b)$. / Puissances : n^2, n^3, $(\overline{\quad})^2$. / Racines : $\sqrt[2]{\ }$, $\sqrt[3]{\ }$, etc.

Chiffres romains

- **Chiffres** — { I, X, L, C, D, M. / Valeur. / Usage.
- **Trois lois** — { 1re loi / 2me loi / 3me loi } Les énoncer et [illegible]
- **Avis important** — } Faire concevoir et imiter des exercices d'application... règles.

NUMÉRATION ▶

- **Objet** — { Double. / 1° Former les nombres. / 2° Les exprimer.
- **Formation des nombres** — { Ajouter successivement l'unité à elle-même. Ex. : / Série des nombres : illimitée.
- **Expression des nombres** — { Par la parole. Énonciation ou numération parlée. / Par l'écriture. Représentation ou numération écrite.

Numération parlée

- **But** — { Exprimer tous les nombres avec peu de mots. / Convention : grouper ou collections d'unités.
- **Base** — { Nombre arbitraire formant unité supérieure. / Bases diverses : décimale. / Système.
- **Ordres** — { Puissances successives de la base. / 1er ordre = base⁰, 2e ordre = base¹ / je ordre = base?, ne ordre = base^(n-1)

Numération écrite

- **But** — { Représenter tous les nombres avec peu de signes. — Convention : chiffre. / Nombre de chiffres = Base — 1.
- **Double valeur** — { Absolue. (Forme du chiffre.) / Relative. (Rang du chiffre.) / Principe : Tout chiffre placé, etc.
- **Tableau** — { Quintillion, Trillion, Billion, Million. ... CDU, CDU, CDU. / Mille, Unités. ... CDU, CDU.

Écriture des nombres

- **Premier cas** — { Le nombre n'a pas plus de trois chiffres. / Règle.
- **Deuxième cas** — { Le nombre a plus de trois chiffres. / Règle.
- **Ordres manquants** — { Règle. / Chiffre auxiliaire, sans valeur absolue, zéro.

Lecture des nombres

- **Premier cas** — { Le nombre n'a pas plus de trois chiffres. / Règle.
- **Deuxième cas** — } Le nombre a plus de trois chiffres. / Règle.

Rendre un nombre 10, 100, [...]

- **Plus grand** — { Opération pratique. / Démonstration. / Règle.
- **Plus petit** — { Opération pratique. / Démonstration. / Règle.
- **Applications** — { Sur divers exemples... tendus.

ADDITION DES NOMBRES ENTIERS ▶

- **Définition** — { Ajouter, réunir des unités de même espèce.
- **Résultat** — { (S.) Somme ou total. / Nature du résultat. / Parties ou termes de la somme.
- **Signe** — { Somme indiquée : 7 + 8. / Somme effectuée : 7 + 8 = 15. / Somme généralisée : a + b = c.

Trois cas

- **Premier cas** — { (Spécifier le cas.) / Démonstration. / Règle. Ex. :
- **Deuxième cas** — { (Spécifier le cas.) / Démonstration. / Règle. Ex. :
- **Troisième cas** — { (Spécifier le cas.) / Démonstration en opérant. / Règle. Opérations pratiques.

Règle générale

- **Disposition des nombres** — { Les uns sous les autres. / Unités de même ordre se correspondant. / Trait horizontal.
- **Opération** — { On commence par la droite. / Somme des chiffres de chaque colonne. Retenues. / Dernière colonne de gauche.

Propriétés de l'addition

- **La somme** — { Les deux nombres > chaque nombre. Réciproque. / De trois nombres > chaque nombre > les deux autres. / De quatre nombres > chaque nombre > la somme des trois autres, etc.

Preuves de l'addition

- **Définition** — { Vérifier l'exactitude de l'opération.
- **Trois manières** — { 1° Addition en sens inverse. / 2° Sommes partielles. / 3° Interversité l'ordre des nombres.
- **Application** — { Exercices d'invention.

Usages

- **Divers** — { Factures, recettes, dépenses. / Recensement, statistique.
- **Application** — { Problèmes donnés. / Problèmes trouvés et [illegible] élèves.
- **Observation** — { Les exercices d'invention... développe la pensée de l'[...] son initiative.

gauche, au commencement de chaque colonne horizontale. Réunis au titre de l'ouvrage, qui est toujours en tête, ils forment ce qu'on pourrait appeler le *résumé de l'ouvrage* ou la *table des matières.*

II. — Analyse de plusieurs chapitres consécutifs d'arithmétique.

Soit par exemple, pour les premiers chapitres de l'arithmétique, la disposition ci-dessous :

ARITHMÉTIQUE

(1er chapitre). NOTIONS PRÉLIMINAIRES...‖...........
(2e chapitre). NUMÉRATION.............‖............
(3e chapitre). ADDITION ....‖...........
(4e chapitre). SOUSTRACTION...........‖...........

Chaque chapitre comprend aussi plusieurs divisions, lesquelles sont placées à la droite de leur chapitre respectif sur la même colonne horizontale, et l'on a ainsi une série de plusieurs chapitres d'une même science. Soit le tableau suivant :

Au-dessous de toutes les notions se trouve la portée synthétique de chacune d'elles, décomposée en notions accessoires.

Le tableau complet se présente alors sous cette forme définitive :

Lorsqu'un chapitre est trop étendu pour trouver place dans une seule tranche horizontale, on le divise en deux, trois... parties bien distinctes, et l'on consacre une tranche horizontale à chacune de ces parties, ainsi que nous l'avons fait nous-même en grammaire pour le **NOM** que nous avons analysé sous trois grandes divisions : NOM, GENRE, NOMBRE ; et en histoire pour certains règnes, celui de Louis XIV par exemple que nous avons divisé en trois époques formant chacune un chapitre spécial.

On peut se rendre compte de ce mode de divisions en se reportant à nos cahiers analytiques d'histoire et d'arithmétique, composés à l'usage des maîtres et dont il est question à la suite des applications.

Réd. : 25x

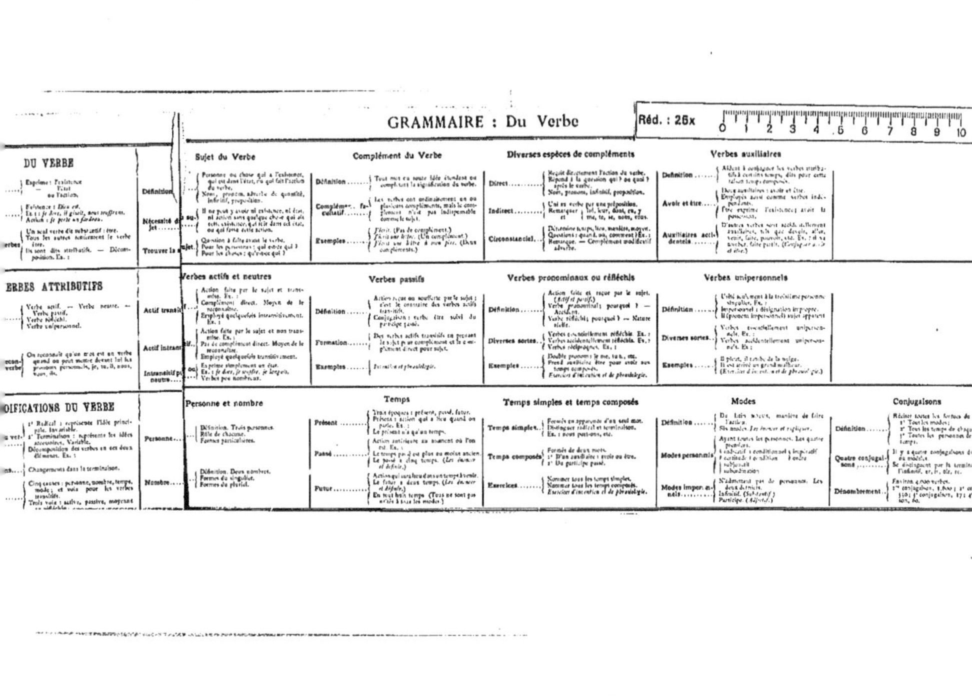

DU VERBE

- **Définition** — Exprime : l'existence — l'état — ou l'action.
- Existence : *Dieu est.* / État : *je dors, il gémit, nous souffrons.* / Action : *je porte un fardeau.*
- Un seul verbe dit substantif : *être.* Tous les autres s'adjoignent le verbe *être.* Ils sont dits attributifs. — Décomposition. Ex. :

[V]ERBES ATTRIBUTIFS

- Verbe actif. — Verbe neutre. — Verbe passif. / Verbe réfléchi. / Verbe unipersonnel.
- On reconnaît qu'un mot est un verbe quand on peut mettre devant lui les pronoms personnels, je, tu, il, nous, vous, ils.

[M]ODIFICATIONS DU VERBE

- 1° Radical : représente l'idée principale. Invariable. / 2° Terminaison : représente les idées accessoires. Variable. / Décomposition des verbes en ces deux éléments. Ex. :
- Changements dans la terminaison.
- Cinq causes : personne, nombre, temps, mode ; et voix pour les verbes transitifs. / Trois voix : active, passive, moyenne.

Sujet du Verbe

- **Définition** — Personne ou chose qui a l'existence, qui est dans l'état, ou qui fait l'action du verbe. / Nom, pronom, adverbe de quantité, infinitif, proposition.
- **Nécessité du sujet** — Il ne peut y avoir ni existence, ni état, ni action sans quelque chose qui ait cette existence, qui soit dans cet état, ou qui fasse cette action.
- **Trouver le sujet** — Question à faire avant le verbe. / Pour les personnes : qui est-ce qui ? / Pour les choses : qu'est-ce qui ?

Complément du Verbe

- **Définition** — Tout mot ou toute idée étendant ou complétant la signification du verbe.
- **Complément facultatif** — Les verbes ont ordinairement un ou plusieurs compléments, mais le complément n'est pas indispensable comme le sujet.
- **Exemples** — *Il écrit.* (Pas de complément.) / *Il écrit une lettre.* (Un complément.) / *Il écrit une lettre à son père.* (Deux compléments.)

Diverses espèces de compléments

- **Direct** — Reçoit directement l'action du verbe. / Répond à la question qui ? ou quoi ? après le verbe. / Nom, pronom, infinitif, proposition.
- **Indirect** — Uni au verbe par une préposition. / Remarquer : lui, leur, dont, en, y et me, te, se, nous, vous.
- **Circonstanciel** — Détermine temps, lieu, manière, moyen. / Questions : quand, où, comment ? Ex. : / Remarque. — Complément ou adjectif adverbe.

Verbes auxiliaires

- **Définition** — Aident à conjuguer les verbes attributifs à certains temps, dits pour cette raison temps composés.
- **Avoir et être** — Deux auxiliaires : avoir et être. / Employés aussi comme verbes indépendants. / Être exprime l'existence ; avoir la possession.
- **Auxiliaires accidentels** — D'autres verbes sont accidentellement auxiliaires, tels que devoir, aller, venir, faire, pouvoir, etc. Ex. : il va neiger, faire partir. (Conjuguer avec d'être.)

Verbes actifs et neutres

- **Actif transitif** — Action faite par le sujet et transmise. Ex. : / Complément direct. Moyen de le reconnaître. / Employé quelquefois intransitivement. Ex. :
- **Actif intransitif** — Action faite par le sujet et non transmise. Ex. : / Pas de complément direct. Moyen de le reconnaître. / Employé quelquefois transitivement.
- **Intransitif ou neutre** — Verbes peu nombreux.

Verbes passifs

- **Définition** — Action reçue ou soufferte par le sujet ; c'est le contraire des verbes actifs transitifs. / Conjugaison : verbe être suivi du participe passé.
- **Formation** — Des verbes actifs transitifs en prenant le sujet pour complément et le complément direct pour sujet.
- **Exemples** — Je suis aimé et phraséologie.

Verbes pronominaux ou réfléchis

- **Définition** — Action faite et reçue par le sujet. (Actif et passif.) / Verbe pronominal ; pourquoi ? — Accident. / Verbe réfléchi ; pourquoi ? — Nature réelle.
- **Diverses sortes** — Verbes essentiellement réfléchis. Ex. : / Verbes accidentellement réfléchis. Ex. : / Verbes réciproques. Ex. :
- **Exemples** — Double pronom : je me, tu te, etc. / Prend l'auxiliaire être pour avoir aux temps composés. / Exercices d'élocution et de phraséologie.

Verbes unipersonnels

- **Définition** — Usité seulement à la troisième personne du singulier. Ex. : / Impersonnel : désignation impropre. / Il (pronom impersonnel) sujet apparent.
- **Diverses sortes** — Verbes essentiellement unipersonnels. Ex. : / Verbes accidentellement unipersonnels. Ex. :
- **Exemples** — Il pleut, il tombe de la neige. / Il est arrivé un grand malheur. / (Exercices d'élocution et de phraséologie.)

Personne et nombre

- **Personne** — Définition. Trois personnes. / Rôle de chacune. / Formes particulières.
- **Nombre** — Définition. Deux nombres. / Formes du singulier. / Formes du pluriel.

Temps

- **Présent** — Trois époques : présent, passé, futur. / Présent : action qui a lieu quand on parle. Ex. : / Le présent n'a qu'un temps.
- **Passé** — Action antérieure au moment où l'on est. Ex. : / Le temps passé plus ou moins ancien. / Le passé a cinq temps. (Les donner et définir.)
- **Futur** — Action qui aura lieu dans un temps à venir. / Le futur a deux temps. (Les donner et définir.) / En tout huit temps (Tous ne sont pas usités à tous les modes.)

Temps simples et temps composés

- **Temps simple** — Formé en apposant d'un seul mot. / Distinguer radical et terminaison. / Ex. : nous parlions, etc.
- **Temps composé** — Formé de deux mots. / 1° D'un auxiliaire : avoir ou être. / 2° Du participe passé.
- **Exercices** — Nommer tous les temps simples. / Nommer tous les temps composés. / Exercices d'élocution et de phraséologie.

Modes

- **Définition** — De huit façons, manière de faire l'action. / Six modes. Les donner et expliquer.
- **Modes personnels** — Ayant toutes les personnes. Les quatre premiers. / 1° Indicatif ; 2° conditionnel ; 3° impératif ; 4° subjonctif. — ordre — subjonctif — subordination.
- **Modes impersonnels** — N'admettant pas de personnes. Les deux derniers. / Infinitif. (Substantif.) / Participe. (Adjectif.)

Conjugaisons

- **Définition** — Réciter toutes les formes du verbe : 1° Tous les modes ; 2° Tous les temps de chaque mode ; 3° Toutes les personnes de chaque temps.
- **Quatre conjugaisons** — Il y a quatre conjugaisons différentes du modèle. Se distinguant par la terminaison de l'infinitif, er, ir, oir, re.
- **Dénombrement** — Environ 4,000 verbes. 1re conjugaison, 3,600 ; 2e conjugaison, 3[00] ; 3e conjugaison, 17 ; 4e conjugaison, 80.

EXPÉDITION D'ÉGYPTE ▸

Préparatifs

Motifs — Hostilité persistante de l'Angleterre. Bonaparte porte ombrage au Directoire. Besoin de l'éloigner.

But — S'ouvrir une route vers les Indes. Y détruire l'empire des Anglais.

Dangers — Perte de l'alliance turque. Indocilité du continent. Menace d'une coalition.

Expédition secrète — Déguisée sous le nom d'aile gauche de l'armée d'Angleterre. Bonaparte général en chef.

Escadre — 14 vaisseaux de ligne. Nombreux vaisseaux de transport. Commandée par Brueys. — Villeneuve.

Effectif — 36,000 hommes de troupes. Savants, ingénieurs, artistes, laboureurs. But de colonisation après conquête.

Transport des troupes

Départ — De Toulon, le 19 mai 1798. A bord : Bonaparte. Ses généraux : Caffarelli, Kléber, Desaix.

Traversée — Malte prise en passant (12 juin). Sans défense. Mort de Caffarelli.

Poursuite anglaise — Nelson, chef de l'escadre anglaise, sillonne en vain la Méditerranée ; Manque notre flotte de quelques heures.

Débarquement et conquête

Alexandrie — On débarque à 4 lieues d'Alexandrie. Le 1er juillet. La ville est prise le jour même.

Chébréiss — Marche en avant : Mourad-Bey et les mamelucks. Désert de Damanhour : souffrances, fatigues, plaisanteries. Les mamelucks repoussés à Chébréiss.

Le Caire — Les Pyramides ; Bataillons carrés. Défaite de Mourad-Bey et d'Ibrahim. Occupation du Caire (22 juillet).

Organisation du pays

Respect des mœurs — Bonaparte respecte les mœurs et les croyances du pays. Il est appelé le favori du grand Allah. Il assiste à la fête du Nil et à celle du prophète.

Institut — But de cette fondation. Principaux membres : Monge, Berthollet, Fourier, Dolomieu, Larrey, Geoffroy St-Hilaire, etc.

Résultats — Découvertes scientifiques. Révélation de la science mystérieuse de cette contrée. Hiéroglyphes, etc.

Désastre d'Aboukir

Causes — Retard ; arrivée des Anglais. Ligne d'embossage trop large. Manœuvre de Nelson ; inertie de Villeneuve.

Incendie de la flotte — Vaisseaux français brûlés, sauf deux. Mort de Brueys (1er août).

Conséquences — Expédition réduite à une aventure. Français emprisonnés dans leur conquête.

ACHÈVEMENT DE LA CONQUÊTE ▸

Thébaïde

Situation critique — Difficulté de retour. Déclaration de guerre de la Turquie. Ferments de révolte en Égypte.

Attitude énergique — Bonaparte et Kléber résolus à surmonter toutes les difficultés, se préparent à de grandes choses.

Occupation totale — Conquête et occupation totale du pays. Révolte du Caire (octobre). Réprimée avec rigueur par Bonaparte.

Détails — Appelé le sultan juste. Poursuit Mourad-Bey dans la Thébaïde.

Mourad-Bey — Vaincu par Desaix. Toute la Thébaïde soumise.

Expédition de Syrie

But — Couvrir la conquête de l'Égypte. Menacer Constantinople et les Indes (février 1799).

Victoires — Gaza. Jaffa (prise). Mont-Thabor.

Échec — Levée du siège de Saint-Jean-d'Acre contre Sidney-Smith. Manque de munitions et d'artillerie. Armée épuisée de fatigue, décimée par la peste.

Retraite sur l'Égypte

Révolte du Delta — El-Madhy soulève le Delta. Bonaparte en a raison.

Victoire d'Aboukir — Flotte turque rejetée à la mer (25 juillet). Paroles de Kléber à Bonaparte.

Sécurité et inaction — L'armée d'Égypte n'a plus rien à craindre ni rien à faire. Inaction pesante à Bonaparte.

Retour de Bonaparte en France

Motifs — Nouvelles venues de France. 2e coalition. Invasion imminente du sol français.

Départ — Bonaparte confie l'Égypte à Kléber. S'embarque sur une frégate. Traversée audacieuse au milieu des croisières anglaises.

Arrivée — A Fréjus, le 8 octobre 1799.

Réd. : 25x — 0 1 2 3 4 5 6 7 8 9 10

GUERRE CONTINENTALE (1re période) ■→
De 1756 à 1758.

Préliminaires	Ouverture des hostilités	Succès et revers de Frédéric	Nouveaux succès de Frédéric	Causes de nos revers
Causes. Prospérité commerciale de la France. Renaissance de notre marine. Jalousie de l'Angleterre.	**Alliances.** Du côté de l'Angleterre : Prusse. De la France : Autriche et Russie. Adhésion de la Suède et de la Saxe.	**Ses succès.** Pirna. Contre les Saxons. Lowositz. Contre les Autrichiens. Prague. En Bohême.	**Rosbach (1757).** Manœuvre de Frédéric. Déroute de Soubise. Opinion publique. Chansons.	**Soldats.** Exemple de Richelieu. Indiscipline, pillage et maraude. Six mille absents à Rosbach.
Prétextes. Conclusion rapide du traité d'Aix-la-Chapelle. Délimitation de nos frontières aux États-Unis. Commissaires français et anglais.	**Système renversé.** Guerre précédente : Autriche soutenue par l'Angleterre contre la France et la Prusse.	**Ses revers.** Vaincu à Kollin par Daun. À Memel et à Jægerndorf par les Russes. À Hastembeck par Richelieu. Closterseven.	**Lissa (1757).** Même manœuvre qu'à Rosbach. Lenteur de Daun. Sa défaite.	**Généraux.** Lenteurs de Daun. Ineptie et incapacité des généraux français. Intrigues de cour. Haine et rivalité. Plans de bataille avortés.
Provocations. Opposition systématique de l'Angleterre. Attentats de Boscawen. Meurtre de Jumonville.	**Théâtre des opérations.** Sur terre : Saxe, Bohême, Hanovre, Silésie, Hesse; frontières russes et autrichiennes. Sur mer : Europe, Indes, Canada.	**Ses propositions.** Il demande la paix. On le croit aux abois. Propositions rejetées. Son énergie.	**Crévelt (1758).** Brunswick et les Hanovriens. Clermont, abbé, puis général. Chansons.	**Ministres.** Caprices de Mme de Pompadour. Courtisans. Changements fréquents de ministères. Opérations sans suite.

GUERRE CONTINENTALE (2e période) ■→ Changement de tactique française
De 1758 à 1762.

Changement de tactique française	Armées russes et autrichiennes	Armées françaises	Nouvelle phase de la lutte	Derniers événements
Généraux. Les mêmes.	**(1758).** Frédéric bat les Russes à Zorndorf, et les Autrichiens à Hochkirch.	**(1758).** De Broglie vainqueur à Sandershausen et Soubise à Lutzelberg.	**Attitude de Frédéric.** Se tient sur la défensive. De Broglie est battu à Villinghausen, mais Frédéric perd Schweidnitz, Dresde, Colberg.	**En Silésie.** Frédéric recouvre cette province.
Discipline et force. Changement de discipline. Forces supérieures.	**(1759).** Il est vaincu à Zullichau et à Kunersdorf. Minden relève son courage. Il demande la paix encore refusée.	**(1759).** De Broglie vainqueur à Bergen. Sa rivalité avec Contades. Désastre de Minden.	**Chute de Pitt.** Subsides supprimés.	**En Saxe.** Le prince Henri gagne la bataille de Freyberg.
Résultats. Succès balancés.	**(1760).** Il bat Loudon à Liegnitz et Daun à Torgau.	**(1760).** De Castries à Corbach. Comte de Saint-Germain à Closter-camp. (D'Assas.)	**Mort de la Czarine.** Pierre III se déclare neutre. Retraite de la Suède.	**Choiseul.** Pacte de famille. L'Espagne perd ses colonies. Toutes les puissances sont épuisées. Préliminaires de paix (novembre 1762).

GUERRE MARITIME ■→
De 1756 à 1763.

Débuts	Mers d'Europe	Aux Indes	Au Canada	Traités (1763)
Attentats de Boscawen. Prise de trois cents vaisseaux et de trente millions. Dix mille matelots incorporés.	**Rochefort.** Courage de Mauroville.	**Madras.** Lally-Tollendal sans argent. Fait la brèche à Madras.	**Premiers succès.** Prise des forts Oswego et Saint-Georges. Victoire du fort Montmorency.	**Paris.** L'Angleterre acquiert sur la France le Canada, l'Acadie, le cap Breton, Saint-Vincent, la Dominique, Grenade, Tabago et le Sénégal. Sur l'Espagne : la Floride et la baie de Pensacola. La France conserve droit de pêche : Saint-Pierre et Miquelon, Désirade, Guadeloupe, Marie-Galande, Sainte-Lucie, Gorée, Belle-Isle, et cède la Louisiane à l'Espagne.
Minorque. Port-Mahon pris par La Galissonnière. Byng fusillé à son bord.	**Ports bloqués.** Saint-Cast, duc d'Aiguillon. La Clue battu au cap Sainte-Marie. Destruction de la flotte de Brest. Conflans. **Belle-Isle.** Prise par les Anglais.	**Pondichéry.** Siège de Pondichéry. Rappel et condamnation de Lally.	**Siège de Québec.** Pris par les Anglais. Mort de Montcalm et de Wolf. Vains efforts de Vaudreuil. **Perte de nos colonies.** Canada, Guadeloupe, Dominique, Martinique, Grenade, Saint-Vincent, Tabago; Sénégal : Saint-Louis et Gorée.	**Hubertsbourg.** La Silésie abandonnée à Frédéric.

ANALYSE D'UNE TRAGÉDIE DE CORNEILLE : « Le Cid »

LE THÉÂTRE DE 1800 À 1636

Prédécesseurs du Cid	Hardy : fécondité, sans invention. / Th. Viaud : goût italien, versification diffuse.
Contemporains du Cid	Tristan, Mairet, Du Ryer, Scudéry : mauvais goût, manque d'intérêt, mollesse. / Rotrou : invention et sentiment dramatique.

Les trois manières de Corneille

Première manière	Mélite, Clitandre, La Veuve, etc. (Comédies et tragi-comédies dans le goût du jour.) / Plus d'intrigue que de passion. Imbroglio.
Deuxième manière	Médée. / Tendance vers le grand et l'héroïque. / C'est une manière de transition.
Troisième manière	Imitation du théâtre espagnol. / L'Illusion comique. / Le Cid. Création de la tragédie classique. / Manière définitive.

Sources du Cid

Chroniques	Enlèvement de quelques têtes de Neuf. Querelle. / Gormas tué par Rodrigue dans une rencontre. / Chimène demande vengeance au r'(roi) don Fernand.
Romances	Légende popularisée par les romances. / Caractère de naïveté et de barbarie. / Incompatible avec les mœurs modernes.
Guilhem de Castro	Transforme la tradition. / L'adapte à la scène et au goût moderne. / Tracés suivis par Corneille.

Modifications de Corneille

Une crise unique	L'intérêt n'est plus dispersé comme dans la pièce espagnole. / Les caractères prennent plus de relief.
Lutte du devoir et de la passion	Le drame n'est plus seulement dans l'action scénique. / Il est dans les sentiments. / Il est dans le cœur.
Les trois unités	Gênantes et péniblement observées. / Elles aident Corneille à créer la tragédie classique. / Par elles le drame gagne en profondeur ce qu'il perd en étendue.

Personnages

Principaux	Rodrigue et Chimène : les deux amants. / Don Diègue et le Comte de Gormas : les deux pères.
Secondaires	Le roi don Fernand. / L'Infante. / Don Sanche.
Confidente	Elvire.

ANALYSE — CINQ ACTES

Acte I

Exposition	Deux amants pleins de mérite. / Passion profonde et légitime. / Union décidée. Vif intérêt.
Obstacle	Préférence accordée par le roi à don Diègue. / Emportement du Comte et outrage à don Diègue. / Vengeance confiée à Rodrigue.
Sacrifice	Douleur de Rodrigue. / Lutte contre la passion. / Triomphe du devoir.

Acte II

Obstination	Vaine intervention du roi. / Le Comte refuse réparation.
Rencontre	Défi porté au Comte par Rodrigue. / Acceptation dédaigneuse. / Duel et mort du Comte.
Perplexité	Chimène implore justice. / Don Diègue implore le pardon. / Le roi remet l'affaire à son conseil.

Acte III

Désespoir	Rodrigue caché chez Chimène. / Il l'entend exhaler sa douleur et son amour. / Appui de don Sanche repoussé.
Entrevue	Rodrigue se présente aux coups de Chimène. / La passion domine les deux amants. / Aucun ne s'écarte du devoir.
Don Diègue	Sa joie de revoir son fils; descente des Maures. / (Rodrigue va les combattre pour faire diversion à son désespoir.)

Acte IV

Victoire	Rodrigue a vaincu les Maures. / Joie secrète de Chimène. / Elle poursuit cependant sa vengeance.
Stratagème	Fausse nouvelle : Rodrigue a péri. / Pâmoison de Chimène. Secret dévoilé. / Elle insiste quand même pour la séparation.
Don Sanche	Épreuve d'un combat singulier. / Condition. / Don Sanche se présente.

Acte V

Espoir	Rodrigue offre encore sa tête à Chimène. / Elle le renvoie à don Sanche « Sors vainqueur. » etc.
Méprise	Épée de Rodrigue. / Invectives de Chimène. / Arrivée du roi et de don Diègue.
Prévision	Chimène demande à être déliée de son serment. Le cloître. / Explication de la méprise. / Union désormais non prévue.

INCIDENTS ET CRITIQUES

Première représentation (1636)	Langage héroïque. / Noblesse de sentiments. / Beauté des situations.
Impression	Admiration. / Ravissement. / Enthousiasme général.
Cabale	Ennemis de Corneille. / Jalousie de son succès. / Manœuvres contre cet enthousiasme.

Querelle du Cid

Richelieu	Il avait congédié Corneille. / Ce succès était sa condamnation. / Il voulut faire tomber la pièce.
Scudéry	Désireux de plaire au Cardinal. / Critique amère et insolente.
L'Académie	Critique modérée dans la forme, sévère au fond. / Sujet immoral ; sentiments dénaturés. / C'est la condamnation du théâtre.

Critique des rôles

L'Infante	Donne du relief à Rodrigue et à Chimène. / Mais double l'intérêt et partage l'action. / Peut être supprimé.
Don Sanche	Critiqué à tort. / Utile à l'action. / Bien placé au second plan.
Don Fernand	Imprévoyance à peine remarquée. / (Il s'efface pour laisser dominer ceux dont les passions font naître l'intérêt.)

Caractères

Les Pères	Énergiquement tracés. / Comte : arrogant, fier, hautain. / Don Diègue : type de gentilhomme et de père.
Le Roi	Plein de sens et d'équité. / Modération : connaissance des hommes. / Justice ingénieuse.
Les Amants	Passions toujours vraies. / De tous les temps et de tous les pays. / Ressemblance avec la vie.

Marche dramatique

Intrigue	Noble et touchante. / Nœud serré de scène en scène. / Adroit dénouement.
Action	Marche croissante. / Équilibre des moyens dramatiques. / Intérêt unique et toujours nouveau.
Effet	Incertitude entre la crainte et l'espérance. / Émotion vive. / Larmes d'admiration.

PHILOSOPHIE : De la Sensibilité

SENSIBILITÉ EN GÉNÉRAL ▶

- Pouvoir de jouir ou de souffrir.
- Confondue par Kant avec la passivité ou réceptivité.
- Émotivité, conscience et activité ultérieure.
- Passive; fatale; variable; subjective.
- Suppose une certaine mesure entre les deux termes extrêmes.
- S'émousse par l'habitude.
- Deux sortes : 1° Sensibilité physique par une impression organique. 2° Sensibilité morale par une idée.

Source de la sensibilité

Activité	L'activité, essence de l'âme, s'exerce avant la sensibilité dans le sens de la nature.
Action extérieure	Elle est contrariée ou favorisée soit par un objet extérieur, soit par une idée.
Réaction intérieure	Réaction provoquée. Conforme ou contraire à l'objet. Source : activité modifiée et excitée.

Effets de la sensibilité

Plaisir et douleur	Plaisir : émotion agréable de l'âme. Douleur : le contraire du plaisir.
Au physique	Plaisir et douleur proprement dits : suivent. Satisfaction des besoins du corps : Nutrition, relation, reproduction.
Au moral	Joie, tristesse : accompagnent. Sympathie, affections, accomplissement des devoirs. Développement intellectuel, esthétique. Idéal religieux.

Part de l'intelligence

Conscience	Point de sensibilité sans conscience.
Perception des organes	Connaissance plus ou moins précise des organes.
Localisations	Désignation des organes affectés. Instinctive chez les animaux. Localisations illusoires.

Part de l'activité

Loi	Toute action suppose une réaction.
Mouvements de l'âme	Lutte pour repousser la cause de la douleur (Aversion). Effort pour s'unir à la cause du plaisir (Désir).
Conséquences	1° Tendances relatives au corps : appétits. 2° Tendances relatives à l'âme : inclinations morales.

SENSIBILITÉ PHYSIQUE ▶

- Un phénomène physique.
- Une impression organique. Condition : une modification cérébrale.
- Une sensation.

Impression physiologique

Nature	Phénomène physiologique. Précède et cause la sensation.
Siège	Les organes des sens, Les conducteurs nerveux, Le cerveau.
Caractères	Mouvement. Étendue. Localisation.

Sens

Espèces diverses	Intérieurs : sans organes, répandus dans tout le corps. Beaucoup de sensations : faim, soif, chaud, froid. Extérieurs : noms et organes. Sensations et perceptions.
Données des sens	Odorat et goût : données sensibles. Ouïe : sens du temps. Rôle intellectuel, artistique et social. Vue : sens de l'espace. Perceptions nombreuses.
Tact	Toucher passif : analogue au sens intérieur. Toucher actif : supérieur aux autres sens. (L'activité s'y déploie avec le tact.)

Sensations

Conditions	Impression organique. Transmission au cerveau, réception par les centres. Interprétation par la conscience.
Caractères	Internes ou externes. Agréables, désagréables, indifférentes.
But	Ordre physique : entretien du corps en bon état. Ordre intellectuel : connaissance du monde extérieur. Ordre moral : subordination du plaisir; triomphe sur la douleur; dévouement; héroïsme, sacrifice.

Appétits

Caractères	Accompagnés de sensations. Bornés. Périodiques; accidentels.
Loi	Intensité : en raison directe de la sensation.
Rôle	Conservation de la vie physique, individuelle ou spécifique.

Passions

Nature	Tendance pervertie par l'imagination, rendue ineffaçable par l'habitude.
Caractères	Fonds naturel : inclination. Éléments émotifs : concupiscence, désir. Élément intellectuel : imagination.
Effets	Déviation de l'activité normale. Déséquilibration de l'être moral. Impuissance de la volonté.

SENSIBILITÉ MORALE ▶

- Un phénomène de pensée.
- Une modification intérieure.
- Un sentiment.

Sentiments

Conditions	Une idée. Le vrai, le beau, le bien, ou leurs contraires.
Caractères	Affectifs; attachement à nos semblables. Intellectuels : le vrai, le beau (Esthétique). Moraux : loi morale, rapports avec Dieu.
Rôle	Élévation de l'être moral. Tendance vers la perfection. Progrès indéfini.

Inclinations morales

Degrés divers	Émotion : exaltation momentanée et soudaine. Passion : habitude d'une inclination forte et dominante. Inclination : tendance naturelle au bien.
Caractères	Accompagnées de sentiments. Constantes. Susceptibles de développement indéfini.
Division	Se rattachent : 1° À l'amour de soi. 2° À l'amour d'autrui. 3° À l'amour de Dieu.

Amour de soi

Sensibilité	Amour de l'être. Amour du bien-être. Besoin d'émotions.
Intelligence	Amour du progrès dans l'être. Instinct de la curiosité. Amour de la science.
Volonté	Amour de l'indépendance, de la puissance, de la possession. (Ces instincts doivent être limités par la raison, leur développement exclusif constitue l'égoïsme).

Amour d'autrui

Sympathie	Penchant à l'imitation, oubli du mal. Désir d'estime. Penchant à la véracité et à la cordialité.
Expansions	Amour de la famille; amitié. Amour de la patrie et du sol natal. Amour de l'humanité.
Gradation	Nature; êtres animés; individualité. Famille, patrie, humanité, univers. Dieu.

Amour de Dieu ou idéal

Amour des attributs divins	Vérités particulières, générales. Vérité universelle. Beautés particulières; Beauté suprême. Le Bien particulier. Le bien en soi.
Amour de la personnalité divine	Réalisation de ces abstractions. Effet réel de l'amour. Substance une et personnelle.
Dieu	Origine et fin de tous nos amours.

PHYSIQUE : Pression atmosphérique

ATMOSPHÈRE

- **Définition** — Couche d'air qui enveloppe la terre. / Épaisseur? / Mélange gazeux.
- **Composition** — O = 21. / Az. = 79. / Vapeur d'eau; variable. CO^2, quelques millièmes.
- **Pesanteur** — Constatée par expérience. / Ex.: ballon pesé vide, puis plein d'air. / Poids: 1 litre d'air = 1 gramme 293.

Pression atmosphérique

- **Définition** — Force exercée par l'atmosphère sur tous les corps. / Démonstration : Crève-vessie. / hémisphères de Magdebourg.
- **Statique** — Extension des principes d'hydrostatique. / Égalité de pression sur une même couche horizontale.
- **Applications** — Extension du principe d'Archimède. / Montgolfières à air chaud. / Aérostats à gaz.

Variations

- **Altitude** — Augmentation ou diminution de l'épaisseur de la couche. / Mesure des hauteurs.
- **Perturbations atmosphériques** — Variation des courants aériens. / Concordance des variations barométriques. / Prévision du temps.

Mesure

- **Unité** — Métrique : pression en kilogrammes par cm². / Pratique : hauteur d'une colonne de mercure dans le vide et à température de 0°.
- **Valeur moyenne** — 760 millimètres de mercure. / Soit : 1 kilogramme 033 par cinq.

Instruments de mesure

- **Dénominations** — Baromètres. / Appareils destinés à mesurer la pression atmosphérique. / Deux sortes : 1° à liquide ; 2° métalliques.
- **Baromètres à liquide** — Principe : équilibre d'une colonne liquide dans un tube fermé à la partie supérieure.
- **Baromètres métalliques** — Principe : élasticité d'une lame mince et ses déformations quand ses deux faces sont soumises à des pressions différentes.

BAROMÈTRES À LIQUIDES

- **Historique** — Tube de Toricelli (1643.) / Expérience de Pascal (1648.)
- **Construction** — Grille inclinée ; chauffage progressif du tube. / Introduction du mercure. / Expulsion de l'air et de la vapeur d'eau.
- **Principales sortes** — 1° Baromètres à tube et à cuvette distincts. / 2° Baromètres à tube recourbé formant cuvette ou baromètres à siphon.

Baromètres à cuvette

- **Simple** — Tube plongeant dans une cuvette élargie à la partie supérieure pour atténuer les variations de niveau. Échelle fixe.
- **De Fortin** — Cuvette à fond mobile en peau de chamois. / Maintien du niveau à un repère axe. Échelle fixe.
- **De Régnault** — Tube large. / Atténuation des effets de la capillarité. / Différences de niveau mesurées au cathétomètre.

Baromètre à siphon

- **Simple** — Tube recourbé. / Branche extérieure plus courte et plus large formant fiole.
- **De Gay-Lussac** — Tube à partie droite effilée, soudée, et pénétrant dans siphon intérieur plus large, pour former chambre à air.
- **A cadran** — Les deux branches du siphon égales. / Flotteur transmettant ses déplacements à une aiguille mobile sur un cadran.

Corrections barométriques

- **But** — Rendre les observations comparables entre elles.
- **Température** — Ramener les hauteurs mesurées à leur valeur pour une température de 0°. / Formule : $H_0 = \dfrac{H}{1+at}$
- **Altitude** — Ramener les hauteurs à ce qu'elles seraient au niveau de la mer.

Baromètres métalliques

- **Graduation** — Par comparaison avec les baromètres à mercure.
- **Enregistreur** — Boîte métallique vide d'air. / Déformations transmises par un crayon traçant sur feuille divisée, mobile.
- **Non enregistreur** — Tube mince, vide d'air, contourné. (Bourdon.) / Lame mince ondulée, formant boîte vide d'air. (Vidi.) / Aiguille. Cadran.

Usages du baromètre

- **Indication des pressions** — Lecture de la hauteur barométrique.
- **Prévision du temps** — État et mouvement des ondes atmosphériques par observations simultanées et successives en divers lieux.
- **Mesure des hauteurs** — Formule de Laplace. / Formule simplifiée.

EAU

(Origines)
- Eau de mer, de pluie, de sources.
- Dans les êtres vivants.
- En vapeur dans l'air.

(Corps dissous)
- Gaz : air, acide carbonique.
- Matières minérales : sels calcaires, ferrugineux, etc.
- Matières organiques.

(Purification)
- Pour la purifier. Eau distillée.
- Serpentin. Réfrigérant.
- Alambic : Cucurbite, chapiteau.

Propriétés physiques
- **État liquide** — Incolore, inodore, insipide, bleue en masse. / Densité, à 4°, 1. / Dissolvant général.
- **État solide** — Se solidifie à 0°. Surfusion. / Augmentation de volume par solidification. / Densité, 0,92 ; flotte sur l'eau.
- **État gazeux** — Émission de vapeur à toute température. / Bout à 100° ; Densité : 0,622. / Se dissocie vers 1.100°.

Propriétés chimiques
- **Action des corps simples** — K, Na, la décomposent à froid. / $2 K + 2 H^2O = 2 NOH + H^2$. / Mg, Mn la décomposent à 100°. / Zn, Fe, la décomposent en présence d'un acide.
- **Action sur les composés binaires** — Chlorure, Bromure, Iodure donnent $H Cl$, $H Br$, $H Io$. / Anhydrides donnent acides. / Oxydes métalliques donnent hydrates.
- **Action sur les sels** — Eau de constitution nécessaire à la nature du sel.

Analyse
- **En volumes** — Par le voltamètre. Électrodes de platine. / O se rend au pôle +, H au pôle —.
- **En poids** — Vapeur d'eau sur fer porté au rouge. / Il se forme $Fe^3 O^4$. / Tare et pesée. (Dumas).
- **Résultats** — En volume : H = 2 v. ; O = 1 v. / En poids : H = 1 ; O = 8. / Notation atomique : H^2O.

Synthèse
- **Expérience de Lavoisier** — Combustion d'H dans ballon renfermant O. / Étincelle électrique enflammant H.
- **Expérience de Dumas** — Courant d'H sur CuO chauffé. / Il se forme H^2O, reste Cu. / Tare et pesée.
- **Synthèse eudiométrique** — Tube gradué en verre. Pointes métalliques. / H et ... O en ... réduction ? en d'O. / Donc 100 H se combinent à 50 O.

Usages
- **Usages domestiques** — Boisson. / Cuisson des aliments. / Lessivage, arrosage, etc.
- **Usages industriels** — Dissolvant général. / Alimentation des chaudières. / Force motrice ; chutes d'eau...

EAUX NATURELLES

- Propres à l'alimentation. / Eau de pluie, de source, de rivière.
- Impropres à l'alimentation. / Eaux calcaires, séléniteuses... / Eau de mer.
- Presque toutes médicinales. / Eaux gazeuses. / Eaux salines.

Eau potable
- **Caractères** — Limpide, fraîche, inodore. / Dissout le savon. / Cuit facilement les légumes.
- **Matières en dissolution** — Air. / Sels calcaires : moins de 0 gr. 5 par litre.
- **Réactifs** — Matières organiques. Chlorure d'or en ... : violet. / Carbonates. Teinture de tournesol : violet ou rouge. / Sels calcaires. Oxalate d'Am H^2 : blanc.

Eaux calcaires
- **Eaux séléniteuses** — Chargées de sulfate de calcium. / Ne dissolvent pas le savon. / Cuisent mal les légumes.
- **Eaux incrustantes** — Chargées de carbonate acide de calcium. / Se troublent par l'ébullition. / Déposent du carbonate neutre à l'air.
- **Réactifs** — Eau sélénitense. Acétate de Ba : précipité blanc / Eau incrustante. Teinture alcoolique de campêche : coloré en violet ou rouge.

Eau de mer
- **Matières en dissolution** — Surtout Chlorures de Na et de Mg. / En outre Iodures et Bromures.
- **Usages** — Extraction du sel marin (marais salants) / Extraction du $SO^4 Mg$, $Mg Cl^2$. / Extraction de l'iode et du brome.

Eaux minérales gazeuses
- **Eaux gazeuses** — Contenant CO^2. / Réactif : trouble eau de chaux. / Seltz (Nassau).
- **Eaux sulfureuses** — Contenant H^2S. / Réactif : noircit les sels de plomb. / Bariges, Eaux-Bonnes.

Eaux minérales salines
- **Eaux alcalines** — Contenant bicarbonate de Na. / Réactif : effervescence avec acides. / Vichy.
- **Eaux ferrugineuses** — Contenant des sels de fer. / Réactif : prussiate jaune de K. / Spa. Carlsbad. Orezza.
- **Eaux purgatives** — Contenant des sels de Na, de Mg. / Réactif. / Sedlitz ; Epsom ; Pullna.

AIR ATMOSPHÉRIQUE

- Considéré jadis comme un des quatre éléments. / Nature déterminée par Lavoisier.
- Oxygène et Azote. / Vapeur d'eau, quantité variable. / CO^2 provenant des respirations, des combustions.
- O et Az agissent comme isolés. / O et Az conservent leur coefficient de solubilité. / Proportion constante.

Analyse chimique en volume
- **Par le mercure** — Expérience de Lavoisier / $Hg + O = HgO$. / Il reste Az.
- **Par le phosphore** — À chaud : s'allume $P^4 + O^{10} = P^4O^{10}$. / À froid : $P^4 + O^{10} = P^4O^{10}$.
- **Par l'acide pyrogallique** — KOH absorbe d'abord CO^2 / Puis acide pyrogallique absorbe O.

Analyse eudiométrique. Analyse en poids
- **Expérience eudiométrique** — On introduit Air = 100 ; H = 100 / Après étincelle il reste 117 H et Az. / disparus : 63.
- **Résultat** — ... H^2O exposé | H = 42 / O = 21 / Donc 100 v. d'air = Az : 79, et O : 21.
- **Analyse en poids** — Air par cuivre chauffé. / $Cu + O = CuO$; l'Az passe. / Tare et pesée Az = 77, O = 23.

Dosage d'H^2O et CO^2
- **Par absorption** — Faire passer volume d'air : / 1° dans SO^3H (qui retient vapeur d'H^2O). / 2° dans NOH, qui retient CO^2.
- **Par hygromètre** — Condensation de la vapeur par refroidissement. (Physique).
- **Réactifs** — H^2O. Substances hygroscopiques. / CO^2. Eau de CaO ou de NO.

Matières étrangères
- **Minérales** — Ozone. $Az H^3$; H^2S. / AzO^5H dans pluie d'orage.
- **Organiques** — Germes organiques. / Carbures complexes. / Poussières de toutes sortes.

Usages
- **Usages physiologiques** — Respiration animale et végétale. / Germination.
- **Usages industriels** — Comburant des foyers. / Oxydant. / Fourah O industriel.
- **Usages mécaniques** — Air comprimé. Moteur. / Télégraphie. / Horloges pneumatiques.

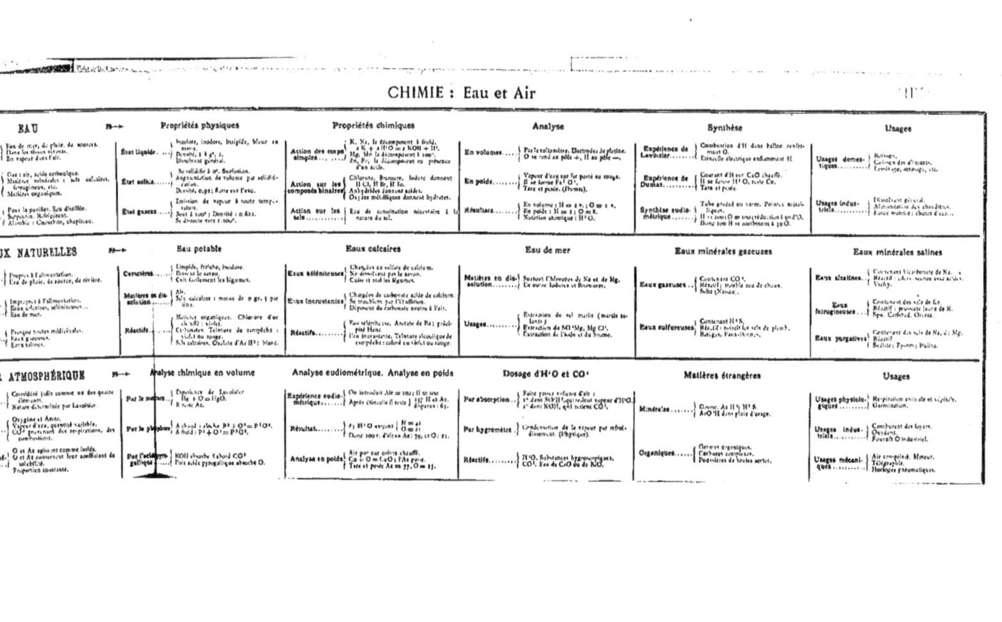

HISTOIRE NATURELLE : Sang et Circulation

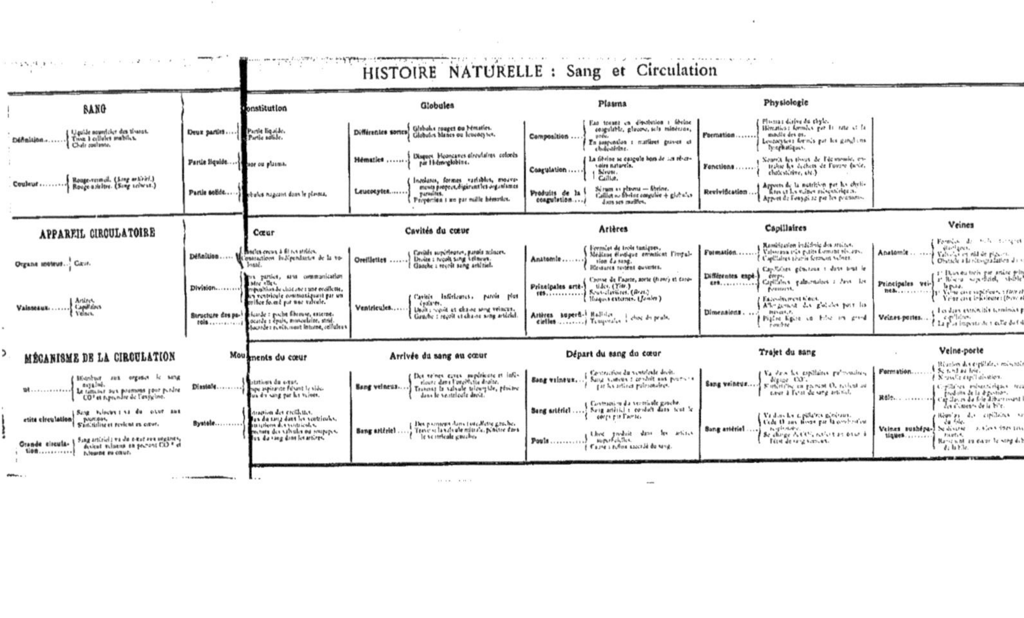

SANG

Définition — Liquide nourricier des tissus. / Tient ? cellules mobiles. / Chair coulante.

Couleur — Rouge-vermeil (Sang artériel.) / Rouge-noirâtre (Sang veineux.)

Constitution
Deux parties — Partie liquide. / Partie solide.
Partie liquide — Sérum ou plasma.
Partie solide — Globules nageant dans le plasma.

Globules
Différentes sortes — Globules rouges ou hématies. / Globules blancs ou leucocytes.
Hématies — Disques biconcaves circulaires colorés par l'hémoglobine.
Leucocytes — Incolores, formes variables, mouvements propres, digèrent les organismes parasites. / Proportion : un par mille hématies.

Plasma
Composition — Eau tenant en dissolution : fibrine coagulable, glucose, sels minéraux, urée. / En suspension : matières grasses et cholestérine.
Coagulation — La fibrine se coagule hors de son réservoir naturel. / Sérum. / Caillot.
Produits de la coagulation — Sérum ou plasma — fibrine. / Caillot ou fibrine coagulée + globules dans ses mailles.

Physiologie
Formation — Plasma : dérive du chyle. / Hématies : formées par la rate et la moelle des os. / Leucocytes : formés par les ganglions lymphatiques.
Fonctions — Nourrit les tissus de l'économie, entraîne les déchets de l'usure (urée, cholestérine, etc.)
Revivification — Apports de la nutrition par les chylifères et les veines mésentériques. / Apport de l'oxygène par les poumons.

APPAREIL CIRCULATOIRE

Organe moteur — Cœur.

Vaisseaux — Artères. / Capillaires. / Veines.

Cœur
Définition — Muscle creux à fibres striées. / Contraction indépendante de la volonté.
Division — Deux parties, sans communication entre elles. / Composition de chacune : une oreillette, un ventricule communiquant par un orifice fermé par une valvule.
Structure des parois — Péricarde : poche fibreuse, externe. / Myocarde : épais, musculaire, strié. / Endocarde : revêtement interne, cellules.

Cavités du cœur
Oreillettes — Cavités supérieures, parois minces. / Droite : reçoit sang veineux. / Gauche : reçoit sang artériel.
Ventricules — Cavités inférieures, parois plus épaisses. / Droit : reçoit et chasse sang veineux. / Gauche : reçoit et chasse sang artériel.

Artères
Anatomie — Formées de trois tuniques. / Médiane élastique entretient l'impulsion du sang. / Blessures restent ouvertes.
Principales artères — Crosse de l'aorte, aorte (tronc) et carotides (Tête). / Sous-clavières (Bras). / Iliaques externes (Jambes).
Artères superficielles — Radiale. / Temporale. — choc du pouls.

Capillaires
Formation — Ramification indéfinie des artères. / Vaisseaux très petits formant réseaux. / Capillaires réunis formant veines.
Différentes espèces — Capillaires généraux : dans tout le corps. / Capillaires pulmonaires : dans les poumons.
Dimensions — Rétrécissement ?. / Allongement des globules pour les ? / ? [illegible]

Veines
Anatomie — Formées de ? élastiques. / Valvules en nid de pigeon. / Obstacle à la ? du sang.
Principales veines — 1° ? par ? principaux. / 2° Réseau superficiel, visible sous la peau. / 3° Veine cave supérieure (tête et bras). / Veine cave inférieure (tronc et jambes).
Veines-portes — Les deux extrémités terminées par capillaires. / La plus importante : celle du foie.

MÉCANISME DE LA CIRCULATION

But — Distribuer aux organes le sang oxygéné. / Le ramener aux poumons pour perdre CO2 et reprendre de l'oxygène.

Petite circulation — Sang veineux : va du cœur aux poumons, s'artérialise et revient au cœur.

Grande circulation — Sang artériel : va du cœur aux organes, devient veineux en prenant CO2 et retourne au cœur.

Mouvements du cœur
Diastole — Dilatation du cœur. / Coupe aspirante faisant le vide. / Flux du sang par les veines.
Systole — Contraction des oreillettes. / Flux du sang dans les ventricules. / Contractions des ventricules. / Fermeture des valvules ou soupapes. / Flux du sang dans les artères.

Arrivée du sang au cœur
Sang veineux — Des veines caves supérieure et inférieure dans l'oreillette droite. / Traverse la valvule tricuspide, pénètre dans le ventricule droit.
Sang artériel — Des poumons dans l'oreillette gauche. / Traverse la valvule mitrale, pénètre dans le ventricule gauche.

Départ du sang du cœur
Sang veineux — Contraction du ventricule droit. / Sang veineux : conduit aux poumons par les artères pulmonaires.
Sang artériel — Contraction du ventricule gauche. / Sang artériel : conduit dans tout le corps par l'aorte.
Pouls — Choc produit dans les artères superficielles. / ? ? associé du sang.

Trajet du sang
Sang veineux — Va dans les capillaires pulmonaires, dégage CO2. / S'artérialise en prenant O, retourne au cœur à l'état de sang artériel.
Sang artériel — Va dans les capillaires généraux. / Cède O aux tissus par la combustion respiratoire. / Se charge de CO2, retourne au cœur à l'état de sang veineux.

Veine-porte
Formation — Réunion des capillaires mésentériques. / Se rend au foie. / Nouvelle capillarisation.
Rôle — Capillaires mésentériques recueillent produits de la digestion. / Capillaires du foie débarrassent le sang des éléments de la bile.
Veines sus-hépatiques — Réunion des capillaires sanguins du foie. / Se déversent dans les veines ?. / Ramènent au cœur le sang débarrassé de la bile.

Analyse	RÉSUMÉ SUGGESTIF d	Synthèse

LANGAGE VOCAL

Après chaque leçon, reproduire logiquement, à haute voix et avec l'aide du cahier, les notions développées par le professeur.

ASSIMILATION INTELLECTUELLE

Après s'être servi du cahier une fois ou deux dans la reproduction verbale, les élèves répéteront mentalement, sans le recours du tableau, pour échapper à l'influence des signes sensibles dont l'usage continuel aurait pour effet de matérialiser la pensée.

ANALYSE DES COURS DU MAITRE

CHAPITRE III

I. — Analyse des cours du maître.

Nous avons indiqué déjà la manière dont se fait cette analyse selon les diverses catégories d'élèves ; on peut s'y reporter, page 211 et suivantes.

Le maître se préoccupe surtout de faire saisir par les élèves l'ordre simultané des notions qu'il développe ou qu'il explique. Pour s'assurer le succès, il s'attache à captiver leur attention, à piquer leur curiosité, à les tenir constamment en haleine.

Voici quelques analyses pouvant servir de modèles :

II. — Analyse suggestive d'une notion complexe d'histoire.

Etats généraux de 1789

Elections...... {
Demandes des cahiers.
Double représentation du Tiers-état.
Députés. — Clergé 295. — Noblesse 270. — Tiers-état 584.
}

Ouverture.....	5 Mai, à Versailles. — Défilé. — Discours du roi. Vérification des pouvoirs. Question du vote par ordre ou par tête.
Lutte entre les 3 ordres	Résistance du clergé et de la noblesse. Proposition de Seyès. — Attitude énergique du Tiers-état. Le Tiers-état se réunit en Assemblée nationale. — Bailly, président.
Serment du Jeu de paume ...	Fermeture de la salle des séances. Réunion du Tiers à la salle du Jeu de paume. Serment de l'Assemblée (*20 juin*).
Séance royale..	Le roi invite les trois ordres à se séparer. Résistance du Tiers. De Brezé et Mirabeau.
Fusion........	Instances de Necker auprès du roi. Le roi se décide pour la fusion qui a lieu le 27 juin. Assemblée nationale constituante.

Michelet, racontant sa jeunesse et ses premières études, esquisse en quelques phrases que nous reproduisons ici, la marche progressive qu'on doit suivre dans l'enseignement de l'histoire suivant les différents âges.

« Si, par exemple, vous donnez de l'histoire, dit-il, il la faut simple et successivement augmentée. Huit ans, douze ans, quinze ans, marquent trois étapes bien graduées du développement intellectuel.

Le premier récit ne devrait conter que des faits individuels et amusants. — Le second insisterait sur ceux de ces faits qui se rattachent essentiellement à la tradition nationale ; ce qu'en éducation il est obligatoire de faire sentir à l'enfant dès qu'il commence à saisir la chaine et l'unité de l'histoire. Par cette méthode, on ferait succéder peu à peu les idées aux sensations éveillées par les images. — Le troisième récit aborderait enfin l'histoire générale où se marque la solidarité des peuples, où l'on voit qu'à travers les différences de mœurs et de costumes, l'humanité garde au fond une âme identique, et qu'elle tire de cette belle et forte unité sa force de résistance contre les éléments multiples de destruction qui s'attaquent à la vie des races comme à celle des individus. »

Après avoir fait pénétrer les faits dans l'esprit de l'enfant, au moyen de procédés propres à frapper vivement sa sensibilité, on s'adresse dans la suite à une faculté plus élevée que l'âge a fortifiée. C'est un commencement de philosophie de l'histoire où l'élève, déjà mieux préparé, s'habitue à envisager les faits sous un nouveau jour, à les coordonner et à trouver dans leur enchaînement et leur développement logique les éléments d'une tradition nationale. Il y reconnaît les progrès réalisés par notre civilisation et notre politique. Dans cette seconde étape où les chroniques forment un tout, ce n'est plus seulement l'imagination qui est frappée, c'est la raison elle-même qui se sert des matériaux que la mémoire lui a conservés, et qui en construit quelque chose de solide et de durable.

Le dernier travail qui appartient tout entier à la philosophie parcourt un champ plus vaste que la patrie; il étudie l'humanité et suppose assurément des études historiques fortes et complètes.

Préparer le jeune homme à ces solides études par la méthode suggestive qui s'adapte si bien à l'histoire et sait si bien en éclairer les commencements ardus et difficiles, c'est marcher plus sûrement au but indiqué par Michelet dans le passage que nous avons cité. Les impressions qu'il a pu ressentir lui-même dans sa studieuse jeunesse se transmettront ainsi, d'après ses conseils, aux jeunes gens qui étudieront l'histoire. De ces études sortiront des écoliers passionnés pour les faits de l'histoire où leur imagination rencontre à chaque pas des sujets intéressants. Ces écoliers, par une gradation toute naturelle, deviendront des patriotes et des politiques au fur et à mesure que l'intelligence établira une logique et un ordre rationnel dans les souvenirs conservés par l'histoire et soumis par elle à leur attention ; et enfin, au couronnement de leurs études, ils auront à comprendre et à pénétrer les grands problèmes de l'humanité.

III. — Analyse d'une notion complexe de géographie.

Montagnes (*texte*).

Une MONTAGNE OU MONT est une grande élévation de terre, de rochers.

On appelle *colline* une petite montagne. Une colline peu élevée prend le nom de *monticule* ou *tertre*.

Le point le plus élevé de la montagne se nomme SOMMET, CRÊTE OU CIME.

Le sommet, selon la forme qu'il présente, prend différents noms. S'il est terminé en pointe, on le nomme *pic*, s'il est arrondi, on l'appelle *dôme* ou *ballon*.

On appelle BASE le *pied* ou le bas de la montagne. Les parties basses de la montagne sont ordinairement couvertes de villages dont les habitants se livrent, soit à l'exploitation des *carrières* de pierre, de marbre ou d'ardoise, soit à l'élevage de nombreux *troupeaux* qu'ils mènent paître dans la montagne pendant des mois entiers, n'ayant pour abri qu'une cabane et pour nourriture que du lait et du fromage.

EXPRESSION SUGGESTIVE DE LA NOTION DE GÉOGRAPHIE

Montagnes

Mont.... { Colline. Monticule. Tertre.

Sommet.. { Pic. Dôme. Ballon.

Base .... { Pied. Carrières. Troupeaux.

ANALYSE DE PLUSIEURS CHAPITRES CONSÉCUTIFS

CHAPITRE IV

I. — Analyse de plusieurs chapitres consécutifs.

Tous les exercices d'application présentés jusqu'ici comme modèles : fables, lettres, analyses d'un objet ou d'une pensée, expressions suggestives d'histoire et de géographie, n'ont trait qu'à des notions isolées, quoique complexes. Nous n'avons encore donné aucun exemple de l'analyse d'un chapitre ou de plusieurs chapitres d'un ouvrage : grammaire, arithmétique, histoire, physique, chimie, etc., ni de l'analyse d'un chef-d'œuvre littéraire complet, soit en poésie, soit en prose : tragédie, comédie, épopée, sermon, discours, oraison funèbre, etc...

Il est cependant d'une utilité incontestable pour les élèves d'embrasser à la fois d'un seul coup d'œil une plus vaste étendue de connaissances, et de saisir dans un tableau suggestif la suite logique de plusieurs chapitres d'un même ouvrage ou de plusieurs grandes divisions d'une œuvre littéraire : scènes, actes, chants, livres, points, paragraphes.

Ces chapitres et ces divisions forment une série de textes qu'il convient d'associer entre eux afin de distinguer les rapports qui les unissent.

Or, la classification dans le sens vertical qui est celle du livre, et que nous avons pu adopter sans inconvénient pour des notions isolées, n'offrirait plus la même clarté et même engendrerait la confusion, s'il s'agissait d'embrasser non plus une notion complexe, détachée d'un morceau ou d'un chapitre, mais toute l'étendue d'un chapitre ou même une série de plusieurs chapitres.

Dans ce cas, il est nécessaire de modifier la disposition des signes suggestifs dans le tableau synoptique, et de présenter toutes les notions relatives à un même chapitre sur une seule colonne horizontale. Cette classification présentée dans ce sens permet de mieux distinguer les notions et d'en saisir l'ordre logique : d'autre part, plusieurs chapitres pouvant se superposer verticalement, il est facile de voir quel lien unit celui qui suit à celui qui précède.

Les titres des chapitres ou idées-mères se trouvent placés les uns au-dessous des autres à

DU CAHIER ANALYTIQUE DE L'ÉLÈVE

CHAPITRE V

Du cahier analytique de l'élève.

Ce mode pratique de disposer les notions comme nous l'avons fait dans les tableaux ci-dessus a sur le livre l'avantage de présenter immédiatement la suite naturelle des chapitres d'un même ouvrage. Mais on a dû s'apercevoir déjà que sa mise en œuvre exige un cahier *ad hoc* d'une réglure spéciale et même d'un format nouveau qu'on peut appeler *cahier analytique* ou *mémorial classique*.

Grâce à ce cahier de classification sur lequel l'élève fixe et conserve, au moyen de termes suggestifs, les notions expliquées en classe, le maître ne parle plus au hasard; il laisse des traces de son enseignement que l'élève emporte après chaque cours et qu'il garde précieusement pour rafraichir et consolider sa mémoire en y jetant un simple regard.

Toutes les fois que l'esprit dirige son attention sur des notions enseignées, afin d'en retenir quelque chose, le MOI accomplit un acte et éprouve une modification. Or, à la suite de chaque leçon, le cahier analytique permet à l'esprit d'opérer un retour rapide sur l'acte produit et la modification éprouvée pour analyser le souvenir qui en reste et ressusciter par la pensée non seulement les notions distinctes, mais encore leur liaison et leur enchaînement, de telle sorte que l'idée générale apparaisse dans son ensemble. Cette révision mentale, rapide, instantanée, pourrait s'appeler l'*intuition* de l'esprit. Analytique et synthétique à la fois, elle embrasse toutes les notions dans l'ordre simultané; son efficacité est autrement puissante que celle du livre. Le cahier analytique que nous désirons mettre entre les mains des élèves pourrait à juste titre s'appeler *cahier suggestif*. Il ne ressemble pas aux cahiers analytiques connus et usités, à ceux de MM. Rafly, Hubault et Briand, par exemple. Le nôtre a déjà le grand avantage d'exposer les notions dans le sens horizontal; de plus, il est synthétique autant qu'analytique. Les cahiers de nos devanciers, qui ne sont pas sans mérite, nous aimons à le reconnaître, sont au contraire purement analytiques, comme le livre. Par des indications brèves, ils suppriment l'effort que réclame la suggestion ; ils ne suggèrent pas, ils guident, ils ont besoin d'être complétés par un travail ultérieur de synthèse ; comme l'étude sur le livre, ils ne fournissent que des notions éparses sans liaison entre elles. Pour nous, l'idée maîtresse de la méthode est que les titres généraux, les sous-titres, les mots en vedette et les détails complémentaires (termes primaires, secondaires, tertiaires et accessoires), soient essentiellement SUGGESTIFS, c'est-à-dire seulement propres à ramener dans l'esprit de l'élève le souvenir des faits exposés en classe par le professeur, et sur ses lèvres l'expression de ces faits revus en étude; ils doivent suggérer la pensée et la parole, *sententiam et verbum*.

A ce point de vue, les différents termes de chaque tableau doivent être plutôt des ALLUSIONS aux faits que des INDICATIONS de ces faits. L'indication pure et simple d'un fait, si elle ne laisse point l'esprit tout à fait inerte et passif ne saurait cependant produire une impression assez vive pour exciter l'effort volontaire; elle ne donne aux objets ni relief, ni couleur; elle fournit la notion d'un détail, d'une circonstance particulière, et laisse dans l'ombre la vue d'ensemble, la synthèse mentale qui est toujours inséparable de l'analyse.

Un terme SUGGESTIF, au contraire, fait jouer tous les ressorts de l'activité et met vivement en branle toutes les facultés. Il ne s'adresse pas seulement à la MÉMOIRE, mais encore au RAISONNEMENT, il parle à l'IMAGINATION en rendant l'enseignement vivant et animé; il laisse dans l'esprit des vues nettes, des impressions d'ensemble et d'ordre simultané. Tous les écrivains, tous les auteurs ont l'habitude d'attacher une grande importance aux procédés qui rendent les idées plus vives; ils en usent parfois dans leurs ouvrages pour donner plus de relief à une pensée. Les mots écrits en italiques ou en gros caractères dans les textes n'ont d'autre but que de frapper l'esprit et de faire naître des impressions personnelles : ce sont des procédés suggestifs. Et dans ce cas, la vertu suggestive du signe ne réside pas dans un mot heureusement choisi, ni même dans une abréviation, mais uniquement dans la forme des caractères; l'esprit attache à cette forme une valeur toute spéciale. Le mot ne lui aurait donné que l'idée nue, présentée sous son aspect simple et analytique, mais par une impulsion mentale, aussi prompte que l'éclair, la forme particulière du caractère lui en fait découvrir toute la portée synthétique.

Si l'on a eu recours dans des cas particuliers à la vertu suggestive de certains signes, on n'a jamais songé à ériger en système ce mode si naturel et si fécond, à en faire la base fondamentale de l'assimilation dans tout ordre de connaissances. Le cahier analytique de l'élève généralise l'usage de ce procédé si efficace et si sûr, il en fait la forme dominante de l'étude. En même temps, il met un terme aux abus du livre, il facilite le contrôle des inspecteurs et permet aux familles de se renseigner jour par jour sur les parties du programme qui ont été étudiées en classe. Les parents ont encore la ressource, s'ils le désirent, de se faire rendre compte par l'enfant d'après le tableau recueilli par lui sur son cahier, des notions qu'il a retenues, et de juger ainsi de ses progrès et de son aptitude à se servir de son acquis.

Ainsi le cahier suggestif, tel que nous l'avons conçu, a une tout autre puissance, une tout autre énergie que le cahier analytique déjà employé dans certaines écoles. Celui-ci se borne à analyser les notions, il n'en donne que l'ordre successif; un travail ultérieur de synthèse, comme nous l'avons déjà dit, est nécessaire pour le compléter, puisque c'est la vue d'ensemble des notions qui en assure la possession. De là, hésitation pour le maître dans la direction du travail, lenteur pour l'élève dans l'acquisition des connaissances, perte de temps pour l'un et pour l'autre. Celui-là, au contraire, donne à la fois l'analyse et la synthèse, l'ordre successif et l'ordre simultané. Ici tous les avantages sont réunis : le maître a de la précision à enseigner, l'élève de la promptitude à apprendre : tous deux font économie de temps. Et tous ces résultats sont dus, comme nous l'avons vu tout à l'heure : 1° au choix des termes les plus propres à SUGGÉRER ; 2° à la place qu'ils occupent dans le tableau ; 3° à la disposition et à la forme même de ce tableau. Est-ce tout ? Non. Comparons le résumé purement analytique au résumé suggestif et voyons ce qu'ils valent l'un et l'autre comme principes et foyers d'activité. L'un est remis tout fait entre les mains de l'élève, les divisions y étant indiquées, les points de repère marqués, il n'a aucun effort à faire pour voir l'ordre successif des notions et des faits. Sa pensée est passive, elle va où on la guide, elle ne marche pas spontanément, attirée vers telle ou telle clarté, elle s'y laisse conduire. L'autre au contraire est composé et dressé par l'élève lui-même ; quand il le recueille sur son cahier dans sa forme définitive, on peut dire qu'il en a fait son bien, sa propriété. Sans doute, le maître lui est venu en aide, mais, sous cette direction, n'a-t-il pas été obligé de réfléchir, de peser ses termes, d'en faire un choix. Sa personnalité n'a pas cessé un instant d'être en jeu. Il ne se laisse pas conduire vers telle ou telle clarté qu'on lui découvre, il la découvre lui-même et la voit, il obéit à l'attrait qu'elle lui inspire.

Dans les classes supérieures, il est utile, croyons-nous, que les élèves aient un cahier analytique spécial pour chaque matière de l'enseignement, d'autant plus que ces cahiers sont destinés à être conservés pendant plusieurs années, jusqu'à l'achèvement des études. Mais, dans les classes élémentaires, le même cahier peut suffire pour toutes les branches, d'ailleurs peu nombreuses du programme, en consacrant un certain nombre de folios à chaque matière. Lorsqu'un cahier est fini, la suite des cours se continue sur un autre. Chaque cahier s'appelle alors DIVISIONNAIRE ; la réunion de tous les cahiers divisionnaires présente un résumé complet de l'enseignement donné pendant l'année.

Chaque folio du cahier analytique de l'élève présente la disposition suivante :

Comme on le voit, chaque chapitre ou grande division peut admettre jusqu'à six subdivisions rangées les unes à la suite des autres dans le sens horizontal. Si un chapitre n'admet que trois, quatre ou cinq divisions, les dernières cases restent en blanc; et si un chapitre en admet plus de six, on le partage en deux ou trois parties bien distinctes et on remplit dans chaque tranche horizontale autant de cases que la partie contient de subdivisions. Pour obtenir six divisions dans la même tranche, on est obligé d'écrire sur deux feuillets du cahier et même d'en modifier le format en lui donnant la forme italienne au lieu de la forme française actuellement en usage.

CAHIERS ANALYTIQUES DU MAITRE

CHAPITRE VI

Cahiers analytiques du maître.

Suivant les cours auxquels il s'adresse, le maître doit tantôt dicter le tableau suggestif, tantôt guider seulement l'élève dans sa composition. De toute façon, il est obligé, soit pour la dictée, soit pour la rectification, de l'avoir tout préparé et par conséquent de l'écrire avant la classe.

Supposons qu'il ait trois cours différents dans son école et qu'il ait à enseigner seulement deux matières distinctes par jour à chacun de ces cours, cela lui ferait en moyenne six tableaux suggestifs à rédiger journellement. En admettant que la composition de chaque tableau n'exige qu'un quart d'heure (ce qui est peu), le maître aurait un travail quotidien de plus de deux heures en dehors de ses classes. S'il ne songe pas à conserver ses tableaux suggestifs pour les années suivantes, il aura à recommencer le même travail pendant toute la durée de sa carrière.

Afin de lui épargner cette laborieuse préparation, nous mettons à sa disposition des cahiers analytiques tout préparés et complets, pour les principales matières de l'enseignement. Le maître s'en servira soit pour dicter le résumé suggestif aux élèves faibles, soit pour rectifier celui des élèves déjà avancés. En aucun cas, ces cahiers ne doivent être mis entre les mains des élèves, sous peine de manquer le but que se propose la méthode, à savoir l'effort personnel et la recherche originale.

Sont édités dès à présent les cahiers analytiques du maître pour la grammaire, l'arithmétique et l'histoire ; nous avons en préparation les cahiers analytiques sur les matières suivantes :

Algèbre.
Physique.
Chimie.
Histoire naturelle.
Histoire de la littérature.
Philosophie.

Ces cahiers analytiques sont faits en vue des cours supérieurs, et par conséquent trop complets pour les cours moyens et élémentaires. Le maître ne donnera donc qu'une partie des tableaux suggestifs aux jeunes enfants, une partie plus importante aux moyens, et le tableau complet aux élèves du cours supérieur.

Il est cependant des questions faciles qu'on peut et qu'on doit même traiter intégralement aussi bien pour les petits que pour les grands, par exemple, les questions relatives au nom, au genre, au nombre en grammaire.

D'autre part il est aussi des questions qu'on doit supprimer entièrement pour les petits et les moyens, comme les racines, les puissances et les progressions en arithmétique. Le maître est juge de l'étendue qu'il doit donner à la leçon, suivant l'âge et le degré d'instruction des élèves auxquels il s'adresse. Du reste, les termes suggestifs de nos tableaux ne sont pas inviolables pour le maître; il pourra toujours modifier un terme à son gré, en retrancher un ou en ajouter un autre.

RÉSUMÉ PRATIQUE DE LA MÉTHODE

CHAPITRE VII

Résumé pratique de la méthode.

Le lecteur a pu constater que l'ensemble des procédés pédagogiques que nous venons d'exposer a la rigueur d'une méthode scientifique. Tout s'y allie, s'y ajuste, s'y combine avec netteté pour aboutir à une conclusion quasi-mathématique.

Nous avons présenté notre méthode sous deux aspects : la THÉORIE et la PRATIQUE.

Le plus souvent, dans les questions d'enseignement, une distance considérable sépare les principes de leur application. On a promis beaucoup, on est forcé de tenir peu.

Ici la théorie et la pratique sont absolument *adéquates*. Celle-ci s'enchâsse dans celle-là avec la même précision qu'une pierre fine dans sa monture.

Tandis que certaines méthodes doivent dans

l'application tenir compte d'une foule de cas particuliers qui modifient leur marche genérale, s'arrêter devant des exceptions imprévues, et subir des restrictions nécessaires, toutes choses capables de faire naitre, par l'empiètement de telle partie sur telle autre, de la confusion et de l'hésitation, la nôtre ne laisse rien au hasard, au caprice. Sa mise en œuvre ne revêt qu'une forme simple et unique, qui répond à tout, qui rayonne dans tous les sens.

C'est le résumé suggestif.

Que le résumé suggestif soit fait par l'élève sous la direction du maître ou dicté par celui-ci, il a toujours le même caractère et les mêmes effets; il renferme en lui toute la substance de la méthode, il en est la rigoureuse synthèse.

Foyer d'activité, il transforme la sensation en perception volontaire et réfléchie, il donne aux notions successives l'ordre simultané, la vue d'ensemble; il fait de l'habitude, naturellement passive, une force puissante d'assimilation.

Par lui, la mémoire cesse d'être machinale pour s'appuyer sur le jugement; par lui les notions prennent dans le langage vocal une forme claire et aisée; par lui, les efforts de l'élève ne sont plus dispersés et sans lien, c'est la fin du surmenage; par lui, l'enfant prépare l'homme mûr et le champ où doivent éclore les conceptions de la raison ; par lui enfin l'intérêt ne languit jamais dans les classes, c'est la garantie de la discipline.

A tous ces avantages, le résumé suggestif joint celui de ne pas entraver l'initiative du maître et de ne jamais effacer sa personnalité ! Que dis-je ? loin de l'effacer, il l'affirme et l'accentue. Placé en face d'une notion qu'il faut mettre en pleine lumière, d'un fait important qui doit être nettement marqué, le professeur s'efforce de donner à son développement une forme d'autant plus claire et plus frappante, que l'enfant attend de lui une explication qui le satisfasse et justifie les termes suggestifs qu'il a sous les yeux. Quoi de plus propre à fortifier les précieuses qualités d'un vrai maître, la clarté et la précision, le coloris et la chaleur ? Nulle part enfin la personnalité de ce vrai maître ne s'accentue aussi franchement que dans l'exercice du langage vocal, dont le résumé suggestif est le principe et l'âme. Ici, il faut au professeur, pour que sa direction soit efficace, de la souplesse d'esprit, du discernement, du coup d'œil, du tact. Tous ces dons finissent par prendre chez lui un véritable caractère de virtuosité. Il s'est rendu maître de son instrument; non seulement, il en joue avec aisance, mais il a appris à en faire vibrer certaines notes spéciales, et particulièrement la note de l'activité.

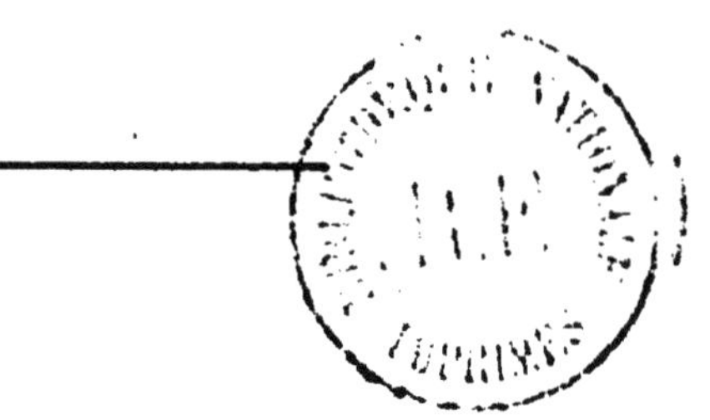

TABLE DES MATIÈRES

PREMIÈRE PARTIE

Chapitre I

Chapitre II

Chapitre III

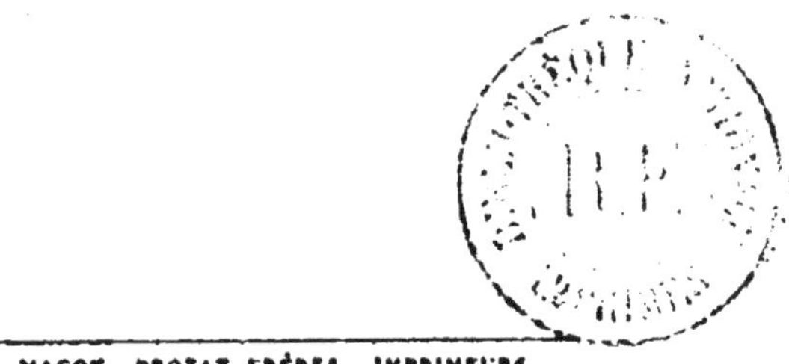

www.ingramcontent.com/pod-product-compliance
Ingram Content Group UK Ltd.
Pitfield, Milton Keynes, MK11 3LW, UK
UKHW010911160726
13695UKWH00007B/183